人文史丛书

有声的中国

演说的魅力及其可能性

陈平原 著

创于1897 商务印书馆
The Commercial Press

图书在版编目（CIP）数据

有声的中国：演说的魅力及其可能性 / 陈平原
著 . —北京：商务印书馆，2023（2023.11 重印）
（人文史丛书）
ISBN 978-7-100-22182-5

Ⅰ. ① 有 …　Ⅱ. ① 陈 …　Ⅲ. ① 演讲—研究
Ⅳ. ① H019

中国国家版本馆 CIP 数据核字（2023）第 047302 号

人文史丛书

有声的中国

演说的魅力及其可能性

陈平原　著

商 务 印 书 馆 出 版
（北京王府井大街 36 号　邮政编码 100710）
商 务 印 书 馆 发 行
北京通州皇家印刷厂印刷
ISBN 978 - 7 - 100 - 22182 - 5

2023 年 5 月第 1 版　　　开本 880 × 1230　1/32
2023 年 11 月北京第 2 次印刷　　印张 8¾

定价：59.00 元

"人文史丛书"总序

陈平原

现代学术的发展，固然后出转精，但也造成各学科自筑藩篱，楚河汉界泾渭分明，因而"人文"的整体面貌越来越模糊。确立此前未见使用的"人文史"概念，意在打破越来越精细的研究领域划分，将各人文学科的思考融会贯通。关注文学史、艺术史、学术史、思想史、教育史、媒介史等，但不是简单拼合，而是在各种结合部用力，透过相互间的区隔、纠缠与对话，挖掘其中蕴涵的时代精神与文化变迁。换句话说，借"自然史""社会史""人文史"三足鼎立的思路，重构学术视野与论述方法。

意识到国际国内形势急遽变化，技术手段及读者趣味日新月异，人文学者不能无动于衷。具体到某个学科的研究者，如何借助"新文科"的视野，重新调整自己的学术姿态，兼及外部观察与内在体验，凸显技术含量与生命情怀，实现经典化与批判性的统一，完全可以八仙过海，各显神通。

作为北京大学现代中国人文研究所主持的项目，"人文史丛书"希望尽最大可能，以跨学科的视野、跨媒介的方法、跨文体的写作，来呈现有人有文、有动有静、有声有色的古代/现代中国。

　　至于作者身份、论述范围、研究方法、篇幅大小等，本丛书不做任何限制。

2023年3月1日于京西圆明园花园

目　录

导言：聆听演说与触摸历史

一

十多年前，我为拙著《触摸历史与进入五四》（北京大学出版社，2005年）撰写导言，其中提及："所谓'触摸历史'，不外是借助细节，重建现场；借助文本，钩沉思想；借助个案，呈现进程。讨论的对象，包括有形的游行、杂志、大学、诗文集，也包括无形的思想、文体、经典、文学场。入口处小，开掘必须深，否则意义不大；不是所有琐琐碎碎的描述，都能指向成功的历史重建。"此书第一章"五月四日那一天——关于'五四'运动的另类叙述"，原系我和夏晓虹主持编写《触摸历史：五四人物与现代中国》（广州出版社，1999年）的"总说"，在此长文的第三部分，我写下这么一段话："没有无数细节的充实，五四运动的'具体印象'，就难保不'一年比一年更趋淡忘了'。没有'具体印象'的'五四'，只剩下口号和旗帜，也就很难让一代代年青人真正记忆。这么说来，提供足以帮助读者'回到现场'的细节与画面，对于'五四'研究来说，并非可有可无。因而，本书之选择图像与文字相配合的表述方式，不全是为了愉悦读者——也包括对历史研究方法的反省。"

当初之所以采用如此感性的动词——"触摸"，是希望兼及图像与文字，借助无数精彩的细节与画面，让读者得以"回到现场"，摆脱单纯"口号和旗帜"的束缚。作为中文系教授，文本分析乃本色当行；涉足图像研究，其实有些冒险。不过，在我那是有意为之。从1995年撰写《从科普读物到科学小说——以"飞车"为中心的考察》起，我尝试在历史论述中使用图像资料，先后出版了十种"图文并茂"的书籍。至于配图方式，大致分为三类：第一，借用历史照片（如《触摸历史：五四人物与现代中国》）；第二，解读小说绣像（如《看图说书——小说绣像阅读札记》，生活·读书·新知三联书店，2003年）；第三，研究晚清画报（如《左图右史与西学东渐》，［香港］三联书店，2008年；增订版，生活·读书·新知三联书店，2018年）。前两种不太达标，真正对学界有贡献的，是第三种。

同样是在2005年，我开始经营一篇长文，探讨在"触摸历史"时，图文并举之外，是否还能兼及声音。那篇《有声的中国——"演说"与近现代中国文章变革》最初在北京大学主办的"东京大学论坛2005 AT北京大学"上宣读（2005年4月28日），二稿于韩国成均馆大学召开的"东亚近代言语秩序的形成与再编"国际学术研讨会上发表（2006年1月20日），三稿提交给东京大学主办的"近代东亚的知识生产与演变"国际学术研讨会（2006年7月21日）。与会者的评议及提问，使我的思考得以不断深入。文章初刊《文学评论》2007年第3期，被《新华文摘》及各种选本转载，还有英文、韩文等译本。此文着重讨论的是，作为"传播文明三利器"之一的"演说"，如何与"报纸""学校"结盟，促成了白话文运动，并实现了近现代中国文章（包括"述学文体"）的变革。

几年后，我将在国内外各大学的演讲稿整理成《"现代中国研究"的四重视野》[1]，解说自己为何要在相对熟悉的文学史与学术史之外，引入大学、都市、图像与声音，称那是"意识到时代思潮及技术手段的变迁可能导致中文系转型的一种对策"。前三者我比较有把握，说起来头头是道；至于借辨析声音来深描或阐释现代中国，我承认，当时仍处于起步阶段。

关于声音的研究，我更倾向于文化史的思路，而不太关心听觉文化研究与声音政治批评的争论。在北大研究生专题课上，我曾从音乐学、宗教史、唱片及广播技术演进、文化工业生产等角度，推荐过米歇尔·希翁的《声音》、阿兰·科尔班的《大地的钟声——19世纪法国乡村的音响状况和感官文化》、吉见俊哉的《声的资本主义》，以及容世诚《粤韵留声——唱片工业与广东曲艺（1903—1953）》；另外，也介绍过若干从文学史角度研究声音的论文。作为呼应，我在课堂上讲过"1930年代上海的'声音'"，以茅盾、穆时英等人的小说作为引子，讨论上海这座大都市里的各种声音，尤其注重歌星制度、唱片工业以及左翼电影的插曲（如《大路歌》《新的女性》《义勇军进行曲》）；也讨论过"1970年代的有线广播与大喇叭的功能"，描述"文革"期间中国乡村的信息传播、政治动员与文化生活。前者材料丰富，讲课效果好，但铺陈

1　初刊《汉语言文学研究》2012年第1期，人大报刊复印资料《中国现代、当代文学研究》2012年第7期转载。

多而开掘浅；后者涉及我的个人生活经验，如何将琐碎记忆与宏大叙事相勾连，仍需进一步推敲。唯一完成的，是关于留声机的短文。

终于悟出来，所谓跨学科论述，必须与自家以往的研究相衔接；完全重起炉灶，不是不可以，但难度实在太大。对我来说，若想深入讨论"声音的中国"，必须与"文字的中国"相互阐释，那样方能更好地发挥自家特长。而最有可能兼及"声音"与"文字"的，莫过于晚清迅速崛起的演说。更重要的是，演说可大可小，可雅可俗，可庄可谐，可日常生活，也可家国大事。借助那些"纸上的声音"，研究者左右开弓、上下串联，钩稽前世今生，渲染现场氛围，还原特定的历史语境，深入开掘其思想史或文化史意义，那是可以做成大文章的。

因此，最近二十年，论及现代中国的思想、文化、文学，我总是自觉不自觉地勾连晚清迅速崛起的演说。演说可以是政治宣传，可以是社会动员，还可以是思想启蒙或学术普及——表面上只是演说内容的差异，实际上牵涉到演讲的立意、文体、姿态、身段、听众反应以及传播效果等。若搜罗广泛且解读得当，完全可以让这些早已消失在历史深处的"演说"，重新焕发生机，成为今人"触摸历史"的绝佳入口。

二

演说在晚清的兴起，绝对是一件大事。1899年，梁启超接受日人犬养毅的建议，将学校、报纸、演说定义为"传播文明三利器"。此后，整个20世纪中国，无论哪个政党、派别或个人，只要想进行有效的思想启蒙或社会动员，都离不开"演说"这一利器。晚清以降迅速崛起的演说，不仅仅是政治、社会、学术、文化活动，甚至深刻影响了中国的文章变革。这些年，为讨论作为政治、学术及文章的演说，我先后撰写了《学问该如何表述——以〈章太炎的白话文〉为中心》（2001）、《学术讲演与白话文学——1922年的"风景"》（2002）、《有声的中国——"演说"与近现代中国文章变革》（2007）、《"文学"如何"教育"——关于"文学课堂"的追怀、重构与阐释》（2010）等专题论文，且在阐释蔡元培、章太炎、梁启超、鲁迅、胡适等人的述学文体时，格外注重其与演说的关联。以上文章，都已先后进入我的《触摸历史与进入五四》《作为学科的文学史——文学教育的方法、途径及境界》（北京大学出版社，2016年），以及《现代中国的述学文体》（北京大学出版社，2020年），但感觉意犹未尽。于是，下决心在"有声的中国"这大题目下，另写一本小而有趣的专书。

不算三篇附录，全书五章，最早完成的是最后一章。"徘徊在口语与书面语之间——工作报告、专题演讲及典礼致辞"初刊《中国文学学报》第二辑（香港中文大学出版社，2011年），收入冯胜利主编《汉语书面语的历史与现状》（北京大学出版社，2013年）。可在杂志与论文集出版前，文章第三节"文体感的缺失与重建"，便以《毕业典礼如何致辞？——警惕"根叔体"的负面效应》为题，发表在2011年7月8日的《南方都市报》上。之所以这么做，乃有感于"根叔体"的泛滥成灾："又到了毕业季节，媒体上争相报道，某某大学校长如何贴近年轻人，其'典礼致辞'夹杂大量网络语言，获得满堂掌声。原本我就担心，校长们群起效仿，会让'根叔体'变得俗不可耐。现在看来，真的是'不幸而言中'。不管公众如何叫好，作为中文系教授，我有责任站出来，给这个方兴未艾的'热潮'泼泼冷水。"此文刊出后反响很好，起码起到了某种警醒与刹车的作用。

第二章"晚清画报中的声音"初刊《文艺研究》2019年第6期，人大报刊复印资料《造型艺术》2019年第5期转载；那是专门为本书设计的章节，希望将图像、文字与声音三合一。不过，原本还计划撰写《早期话剧中的演说》，讨论晚清画报所特别推崇的戏前演说，以及文明戏中的言论小生、易卜生社会问题剧的影响，还有郭沫若众多剧作中的长篇独白。计划被搁置的原因，一是原本预计在欧洲召开的国际学术会议因疫情取消，没有非写不可的压力了；二是发现此话题学界已有不少成功的论述，短期内我不可能有大的突破。

第三章"现代中国的演说及演说学"初刊《中国文化》2020年秋季号（10月），更多关注的是演说的技术层面。此文在资料上有很大拓展，我在文后特别感谢了哈佛大学燕京图书馆、日本国会图书馆、中国国家图书馆以及民间性质的北京杂书馆，可不是故弄玄虚。讨论"演说学"的传入、演说的定义与溯源、演说的分类、技术与心态，以及"无边的国事"与"有声的文学"，没有这些散落各处、杂七杂八的演说学书籍做支撑，很难达成如此效果。

第四章"声音的政治与美学——现代中国演说家的理论与实践"，初刊《学术月刊》2022年第1期，但此文酝酿时间很长，初稿撰于2013年初秋，当年10月13日在南京大学演讲。此后，我曾以类似题目在华东师范大学、台湾东华大学、中山大学、美国西北大学、日本一桥大学、上海师范大学、河南大学等校演讲，最后写定发表，是为了2021年8月28日北京大学文研院与历史系合作主办的"百年中国与世界研讨会"。此文历经多年打磨，日臻完善，自以为是本书最值得推荐的一章。

最后完成的是第一章"演说之于现代中国"，作用是承前启后，兼拾遗补缺。其中第三节的主体部分，采用了初刊2014年12月2日《文汇报》的《声音的魅力》，第二节曾以《"演说"如何呈现——以五四运动照片为中心》的题目，刊载在《当代文坛》2022年第4期。第一节"作为'声音'的演说"属于开题，第四节"演说之魅力及其可能性"则撮述我此前的研究成果，并介绍本书的基本立场与研究思路。

三

关于演说的定义、功能、分类，这些技术性分析，更多属于学院派的"纸上谈兵"；有经验的演说家，会根据现场氛围以及主客关系随机应变。谈论"现代中国的演说学"，最容易达成的是基本训练，比如声音、姿态、表情、手势等；至于思想、立场、学养、修辞，那是长期积累的结果，无法一蹴而就。演说确实有技巧的一面，但谈论现代中国的"演说"，绝不能限于技巧，必须把"无边的国事"带进来，这文章才可能做深、做细、做大。

梁启超之所以特别强调"演说"对于改良群治的意义，很大程度基于他对中国教育现状的了解："大抵国民识字多者，当利用

图0-1　1909年《图画日报》第18号

报纸；国民识字少者，当利用演说。"[1]十年后，《图画日报》以图
文并茂形式表彰"上海社会之现象"，第一则便是《演说家》："自
欧化东渐，人民知西人演说之举，最易开通知识，灌输文明，于
是皆开会演说。初惟绅学界有之，近则商界及女界亦然，且恒有
请人代表者。而尤以上海为独开风气之先，此举更盛。因图之以
征社会之进化，并作赞曰：⋯⋯"[2]又过了二十多年，余楠秋撰《演
说学概要》，照样呼应梁启超这一思路："现在的中国人，大多数是

1　《饮冰室自由书·传播文明三利器》，《饮冰室合集·专集之一》，上海：中华书
　　局，1936年。
2　《演说家》，《图画日报》1909年第18号。

不识字，不能读书，然而他们的耳朵，是可以听的；吾人如果想要引这大多数的中国人，入到正轨，非先说服他们不可。"[1]当初中国衰弱贫困，教育极为落后，"演说"显得很重要；但今天中国，基础教育普及、高等教育毛入学率已过半，为何还需要"演说"？这就说到，在接受信息、传递知识、培育思想方面，眼睛与耳朵各有分工。任何时代，即便满腹经纶的学者，也都愿意倾听——假如演说很有质量的话。

这里所说的演说的"质量"，主要不是指技巧，而是内容。所谓"振聋发聩"，指的不是音质、音高或音量。所有流传久远的"伟大的演说"，不仅系于演说者的个人才华，更与整个大时代的精神氛围相契合。有感于此，我才会在第一章的结尾写下这么一句："所谓演说的魅力及其可能性，乃一时代社会是否活跃、政治是否开明、学术是否繁荣的重要表征。"

一百多年前，那位曾追随孙中山闹革命的留日学生袁泽民（1881—1927），撰写了中国第一部上轨道的演说学著作，强调演说对于现代政治的功用："上可以应援政府，指导政府，监督政府；下可以警醒社会，开通社会，改良社会。小可以结合志意之团体，大可以造就世界之舆论，利益之处，不可胜言。"[2]这一设想，未免过于理想化。起码在现代中国，作为一种技术及文化的演说，"警醒社会"可以，"指导政府"则做不到；至于"造就世界之舆论"，那必须背后有强大的政治/经济实力。

1　余楠秋：《演说学概要》第80页，上海：中华书局，1934年。
2　《〈演说〉自序》，《演说》，上海：商务印书馆，1917年。

现代中国著名教育家和社会活动家孙起孟（1911—2010），曾撰有《演讲初步》，提及神圣的抗战"为我们冲破了说话的禁忌"，否则，"我们只要想一想茶馆酒楼里贴着'莫谈国事'条子的时候是怎样一番光景"[1]，就明白演说的边界与局限。演说并不透明，声音背后有人、有文、有制度。借钩稽演说的变化，来透视整个时代的政治及文化氛围，未尝不是一个好主意。

四

关于声音的传播与说话的功能，不管是呐喊、独白、对话，还是众声喧哗；是布道、复述、诵读，还是余音绕梁；是高音、低音、变奏，还是"未成曲调先有情"；是沉默、暂停、休止，还是"此时无声胜有声"，都值得我们认真倾听与体会。人们常说流行歌曲可与时代同行，其实，成功的演说也不例外。

在大庭广众面前大声说话，公开地阐明自家立场，需要胆识与学养，也需要环境的烘托与听众的配合。而这背后，牵涉到时代氛围与思想潮流的激荡。超级成功的演说，大都兼及内容哲理化、表达文学化、姿态戏剧化；但之所以有那么大的吸引力、感染力和影响力，绝不仅仅是技巧问题。对于研究者来说，借认真阅读/倾听那些"伟大的演说"，是可以体察到整个时代的脉搏以及精神走向的。

三十多年前，我出版《中国小说叙事模式的转变》（上海人民

1　孙起孟：《演讲初步》第3—4页，上海/重庆：生活书店，1945年。

出版社，1988年），谈及拟想"说书场"的消失，如何促使小说家直面"书斋中孤立的阅读者"，注意力因而从声音转向了文字。如今背过身来，论述声音的重要性，坚称此等兼及社会动员、思想启蒙、专业著述与日常生活的"演说"，有可能成为我们了解现代中国政治运作、学问传承与文学风格的最佳途径。着眼点不同，但内在思路不无相通处，那就是强调在"触摸历史"时，应尽可能地兼及阅读（文字）、倾听（声音）与观看（图像）。

综合使用不同媒介，以跨学科的视野、跨文体的写作，来呈现有人有文、有动有静、有声有色的现代中国，此乃我心目中理想的"人文史"建构的重要一环。

2022年5月6日于京西圆明园花园

第一章　演说之于现代中国

　　谈及在近代中国发挥巨大作用的"演说"（演讲），不妨以"古树新花"视之。说"古树"，那是因为，高僧大德讲说佛经，说书艺人表演故事，确系古已有之；至于"新花"，则是指晚清方才出现的在公众场合就某一问题发表自己的见解，说服听众，阐明事理——这后一个"演说"，乃舶来品，源于日语，意译自英语的public speech。[1]

　　犹如晚清无数新生事物，"演说"之提倡，首先是找到恰当的追摩目标。榜样有远有近，《新小说》与《顺天时报》的说法[2]，便各自有所侧重。明治时代的日本，其演说风气的养成，乃欧风东渐的产物，故《新小说》从欧美说起，此思路没错；对于晚清的中国人来说，他们之所以"提倡演说以唤醒国民"，最切实的榜样是日本，故《顺天时报》专讲东邻的经验，当然也可以——更何况，《顺天时报》本来就是日本人开办的。不过，讲日本经验，与其推崇木户孝允和大久保利通，还不如表彰福泽谕吉。后者最早

1　参见本书第三章"现代中国的演说及演说学"第二节"演说的定义与溯源"。

2　参见上海知新室主人《知新室新译丛·演说》，《新小说》第20号（第二年八号），1905年9月；《论中国宜遍设白话演说所》，《顺天时报》1905年8月25日。

将英文的speech译成"演说"，并从明治六年（1873）起连续四年在庆应义塾与社友一起进行针对"演说"的专门训练；这种"口头论政"的崭新形式，一改传统通过文牍实现"上意下达"的政治运作。在这个意义上，"'演说'这一新媒体不仅改变了语言，也给都市空间的外观带来很大变化，成为'明治'这一新时代的一种象征"[1]。

在福泽谕吉的《劝学篇》中，有一则《论提倡演说》，也像中国人那样，从"正名"入手。但在具体辨析演说的功用时，福泽兵分两路：一是"口头叙事会让人自然产生兴趣"；二是"谈话演说在治学上的重要性"[2]。前者指向文学，后者关注学问，着重点在"口头"而非"浅俗"。不难看出，福泽谕吉对于演说的想象，与绝大部分晚清志士还是有不小的差异。这让我们反思，在充分重视知识精英对下层百姓的"口头启蒙"的同时[3]，是否还有必要关注演说的其他面相。比如，在政治史及社会史之外，"演说"在学术史、教育史或文学史上的意义同样值得认真面对。

讨论晚清迅速崛起的"演说"是不是舶来品，名词考辨不重要，关键是如何看待传统中国公开表达个人立场及政治见解的缺

1　〔日〕小森阳一：《日本近代国语批判》第30、41页，陈多友译，长春：吉林人民出版社，2003年。

2　参见〔日〕福泽谕吉《劝学篇》第65—67页，群力译，北京：商务印书馆，1984年。

3　比如李孝悌在《清末下层的社会启蒙运动：1901—1911》中设立专节，讨论"演说的内容"，其中包括"劝戒缠足"、"劝戒鸦片"、"特殊事件"（如1905年中美华工禁约风潮、1907年的江北大水灾）、"鼓励蚕桑、实业"、"时局与爱国"、"与新政有关者"、"与军队、警察有关者"、"革命宣传"等八大类。（第114—150页，河北教育出版社，2001年）

失。关于演说技能的培养及研究之所以在古希腊罗马占据重要位置，那是由其政治制度决定的。在民主政治之下，城邦的所有重要事务均须通过公开辩论，由集体来决定，那么，"说服"便不仅仅是语言能力，更是政治工具。推展开去，日常生活中各式各样的演说，也都构成了"一道独具特色的风景线"[1]。周作人曾谈及为何在古希腊"演说术"或"修辞学"特别重要，那是因为"它在那时政治上很有实用，最重要的两点是在法庭里，两造曲直所由分，全得需要辩论，其次是在议会里，一场演说苟能抓得人心，立即大见成功"[2]。这种特殊的制度安排与文化氛围，不要说秦汉以降两千多年的专制时代，就是百家争鸣的春秋战国，也都没有出现过。不管是战国的纵横家言、汉代的盐铁论争，还是南宋的朱张会讲等，都不能与亚里士多德的《修辞学》所述相提并论。这里的关键不在文学修养，也不在辩论技术，而在政治制度。

二十世纪二三十年代中国人众多关于演说学的论著，都必须直面这个难题，即一方面，"中国人很早就讲究说话。《左传》《国策》《世说》是我们的三部说话的经典。一是外交辞令，一是纵横家言，一是清谈。你看他们的话多么婉转如意，句句字字打进人

1　"无论是在城邦政治的决策机构公民大会上，还是审判机构公民法庭上，抑或在城邦或全希腊的节庆活动、公共葬礼上，政治领袖字斟句酌的精彩演说都是一道独具特色的风景线。"见蒋保《古希腊演说研究》第3页，北京：中央编译出版社，2020年。

2　周作人：《关于卢奇安》，钟叔河编：《周作人文类编·希腊之馀光》第313页，长沙：湖南文艺出版社，1998年。

心坎里"[1]；但另一方面，中国人确实不怎么擅长演说，"战国时代也有纵横捭阖的游说家；六朝时代也有言论隽永的清谈家；但不曾产生出一个Cicero，一个Lincoln"[2]。至于原因，大都将其归因于秦汉以降长期的政治及思想上的大一统："灭绝百家，而思想一；思想一，则竞辩不行；竞辩不行，则语言不进"；"二千年来之国教，几以缄默少文为主旨，讹缪递传，牢不可破"。[3]也就是说，关键在政治制度，而不是种族、人性、修辞能力或文化差异。

　　西学东渐大潮的汹涌、社会结构的变异，加上朝廷管控能力的下降，这才促成了公开表达政见的"演说"在晚清的迅速崛起。因此，可以辨析晚清的演说思潮与清代宣讲《圣谕广训》的联系与区别[4]，但不适合生拉硬扯，建构从古到今的"中国演说史"[5]。在我看来，演说不仅是一种"说话的艺术"，更牵涉整个国家的政治制度与思想传统。因此，近代中国几次"演说"高潮的出现，得益于晚清的制度转型、"五四"的政治抗争以及抗战的社会动员。

1　朱自清:《说话》,《朱自清全集》第三卷第340页, 南京: 江苏教育出版社, 1996年。

2　缪金源:《〈演说学〉序》,〔美〕赫理思特（R. D. T. Hollister）:《演说学》, 刘奇编译, 上海: 商务印书馆, 1930年。

3　杨炳乾编:《演说学大纲》第14页, 上海: 商务印书馆, 1928年；王家襄、张镜寰《〈雄辩法〉序》,〔日〕加藤咄堂述:《雄辩法》, 吕策译, 王家襄、张镜寰校, 上海: 上海集成图书公司, 1910年。

4　参见李孝悌《清末下层的社会启蒙运动: 1901—1911》第四章, 石家庄: 河北教育出版社, 2001年；以及程丽红《清末宣讲与演说研究》, 北京: 社会科学文献出版社, 2021年。

5　我不主张像宋嗣廉、黄毓文的《中国古代演说史》（东北师范大学出版社, 1991年）那样, 从《尚书·甘誓》入手讨论中国的演说, 并引出我国历史上第一位演说家盘庚；也不主张将唐代的魏征直谏、宋代的瓦舍说书, 甚至清代的《说岳全传》都当作演说来论述。

　　当然，公众场合的演说，并非照搬家常聊天或友朋对话，而是包含某种特殊技巧，确实需要专门训练。据黄炎培追忆，1901年出任南洋公学特班总教习时，蔡元培就着意培养学生的演说能力，引领他们"成立演说会，定期轮流学习演说"，理由是"今后学人，领导社会，开发群众，须长于言语"[1]。也就在这一年，黄炎培结识了同窗好友穆湘瑶的弟弟穆藕初，两人声气相投，日后共同创办了中华职业学校、上海商科大学等。据穆藕初自述：

　　　　辛丑、壬寅间，对外事件接踵而起，新党人物在沪上大见活动，对俄、对日同志会等风起云涌，而演说之风遂大盛。余追随其间，觉事事不如人，因此益自发愤，遂联络同志数十人，每星期学习演说。为时一年，向之讷讷不出诸口者，一变而为畅所欲言矣。余之畏葸羞缩之气质，因之而生一大变化。[2]

　　从早年生性腼腆，不敢当众发言，到成为上海企业家中最擅长演说的，穆藕初这个气质变化的过程，好友黄炎培乃至其师蔡元培的影响隐约可见。

　　可这并非蔡元培的个人爱好，在中国最早办私立大学（震旦

1　黄炎培：《八十年来》，朱有瓛主编：《中国近代学制史料》第一辑下册第537页，上海：华东师范大学出版社，1986年；《吾师蔡孑民先生哀悼辞》，陈平原、郑勇编：《追忆蔡元培》第115页，北京：中国广播电视出版社，1997年。

2　李平书等：《李平书七十自叙·藕初五十自述·王晓籁述录》第109页，上海：上海古籍出版社，1989年。

学院和复旦公学）的马相伯，以及南开中学及南开大学的创始人张伯苓，也都特别重视且擅长演说。[1]虽然清廷未雨绸缪，1903年弹压京师大学堂师生抗俄集会后，在第二年《奏定学堂章程》的《奏定各学堂管理通则》中特别规定"各学堂学生不准联盟纠众，立会演说"[2]，但此浩浩荡荡的世界潮流，根本无法阻挡。此后，演说与近现代中国的政治抗争、学术普及以及文化传播结下了不解之缘，以至我们谈论20世纪中国的启蒙与革命、战争与建设、生活与教育、运动与娱乐时，无法完全忽略那些不同历史时期或高亢如云、或低回婉转的"声音"。

一、作为"声音"的演说

中国读书人大都记得明人顾宪成的"风声雨声读书声，声声入耳"；其实，同样"声声入耳"的，还有歌声笑声呐喊声、枪声炮声军号声。舞台上、书斋里、都市中，以及乡村、厂矿、庙宇、战场等，构成诸多令人难忘场景的，除了图像，还有那些值得永远回味的"声音"。这声音，包括自然的、人文的、历史的、审美的，几乎贯串整部人类文明史。

以中国文学史为例，刚刚念过"呦呦鹿鸣，食野之苹。我有嘉宾，鼓瑟吹笙"（《诗经·小雅·鹿鸣》）；又是"唧唧复唧唧，

1　参见陈平原《有声的中国——"演说"与近现代中国文章变革》第三节"演说与学堂之关系"，《文学评论》2007年第3期。

2　朱有瓛主编：《中国近代学制史料》第二辑上册第717、951页，上海：华东师范大学出版社，1987年。

木兰当户织。不闻机杼声，唯闻女叹息"（《木兰辞》）。可以是此时无声胜有声的"竹喧归浣女，莲动下渔舟"（王维《山居秋暝》）；也可以是余音绕梁的"银瓶乍破水浆迸，铁骑突出刀枪鸣。曲终收拨当心画，四弦一声如裂帛"（白居易《琵琶行》）。记得陆游的"小楼一夜听春雨，深巷明朝卖杏花"（《临安春雨初霁》），转眼间又是辛弃疾的"醉里挑灯看剑，梦回吹角连营"（《破阵子·为陈同甫赋壮词以寄之》）。进入现代社会，则有"晚风拂柳笛声残，夕阳山外山"（李叔同《送别》），以及撼人心魄的"风在吼，马在叫，黄河在咆哮，黄河在咆哮"（光未然词、冼星海曲《黄河大合唱》）。只可惜，这些诗词所描述的"声音"，不同于"文字"或"图像"，基本上随风飘逝，人们只能在回忆中倾听。

留声机的出现，改变了这一切——声音照样可以穿越时空，这对于传播新知、普及教育、提供娱乐，当然起到很好的作用。但对于输入者来说，这首先是一桩生意，故晚清报刊上多有以"世界进步"为名的推销留声机的广告。[1]1898年正月，新派文人孙宝瑄为留音、照相、电灯、自来水等吟诗，其中第一则《留音器》：

> 旧闻声是无常物，气浪摇空过不停。
> 谁遣伶伦造奇器，封藏万籁斗乾灵。[2]

声音不再虚无缥缈，"无常"甚至变成了"永恒"，如此神奇科技，绝非传说中发明律吕据以制乐的中国音乐始祖伶伦所能拟想的。

---

1 参见陈平原《晚清画报中的声音》，《文艺研究》2019年第6期。
2 孙宝瑄：《忘山庐日记》上册第163页，上海：上海古籍出版社，1983年。

只是面对此等深刻影响百姓日常生活及娱乐方式的新发明，有人欢喜有人愁。汪康年《庄谐选录》（署醒醉生编辑）中，有一则《留声机器》，称："留声机器初至沪上或置诸市，赁人观听。一僧随众听之，其声了了，与人声无异，僧以为大戚。归寺，聚其徒谓曰：吾佛子自今当断种矣。……余谓此虽过虑，然余辛卯寓鄂时，见有娶妇者，不设音乐，而置八音匣于堂中以娱宾客，然则此僧亦岂过虑耶。"[1]

2019年初夏，我参观美国纽约长岛的惠特曼（1819—1892）故居，那里正为诗人诞辰两百周年举行特展，展品包括第一代留声机以及惠特曼朗读《草叶集》中的半首诗（"平等的女儿、平等的儿子们的中心/让大家，成年和未成年的，年轻和年老的，同样被关爱包围着"），因那时的仪器只能录三十秒。1878年，

图1-1　纽约长岛惠特曼故居为诗人诞辰两百周年举行特展，
及第一代留声机示意图

1　醒醉生编辑：《庄谐选录》卷下第147—148页，上海：尚友山房，1915年。

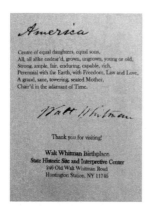

图1-2　特展中可以倾听惠特曼朗读
《草叶集》中半首诗的录音

"留声机"一词开始出现在美国报刊上，而爱迪生说话留声机公司也于同年成立。此后，保存／聆听先贤的声音，或欣赏远在天边的音乐会，逐渐变得轻而易举。记得20年前我第一次参观大英图书馆，在那里倾听若干现代作家的声音，感觉很震撼。2017年，大英图书馆举办"聆听：140年的声音"的展览，呈现自留声机发明以来各种有历史／审美意义的声音，从音乐到演说到自然界，总计7个小时100种。如今，国际上各大图书馆已不仅仅收藏文字与图像，同样热衷于收藏声音。

　　比起收藏留声机或唱片，关注广播或戏曲，记录各种"市声"，并将声音作为研究对象认真对待，时间上要晚很多。"声音"到底该如何"研究"，每个人立场不同，尽可各行其是。我倾向于文化史，而不太关心听觉文化研究与声音政治批评的争论。[1]课堂

1　参见王敦《声音的风景：国外文化研究的新视野》（《文艺争鸣》2011年第1期）及《"听觉文化研究"与"声音政治批评"的张力与互补——与周志强商榷》（《探索与争鸣》2018年第7期）；周志强《声音与"听觉中心主义"——三种声音景观的文化政治》（《文艺研究》2017年第11期）及《"听觉文化"与文化研究的陷阱——答王敦》（《探索与争鸣》2018年第7期）。

上，我曾极力推荐米歇尔·希翁的《声音》、阿兰·科尔班的《大地的钟声——19世纪法国乡村的音响状况和感官文化》、吉见俊哉的《声的资本主义》，以及容世诚的《粤韵留声——唱片工业与广东曲艺（1903—1953）》[1]。此四书所论虽有音乐学、宗教史、唱片及广播技术演进、文化工业生产的差异，但都是在原先学科的视野上延伸，且有物质文化作为根基，故显得比较稳妥、踏实。至于文学研究者本就关注的学堂乐歌、国语运动、读诗会、口传性与书写性的张力、白话写作与"心声"的关系等[2]，这些年更是有很好的推进。另外，我对晚清唱片业及速记法的传入、无锡国专以诵读为主的教学方式、1930年代朗诵诗运动的兴起、抗战中笳吹弦诵遍神州的大学校歌、"文革"中遍及城乡的高音喇叭、1990年代的古诗文诵读工程、世纪末崛起的未名湖诗歌节等具体而微的兼及制度、思潮、技术及审美的"声音"感兴趣。

除文学史及学术史，我曾从"大学、都市、图像、声音"四

1　〔法〕米歇尔·希翁：《声音》，张艾弓译，北京：北京大学出版社，2013年；〔法〕阿兰·科尔班：《大地的钟声——19世纪法国乡村的音响状况和感官文化》，王斌译，桂林：广西师范大学出版社，2003年；〔日〕吉见俊哉《声的资本主义》，李尚霖译，新北：群学出版，2013年；容世诚：《粤韵留声——唱片工业与广东曲艺（1903—1953）》，香港：天地图书公司，2006年。

2　比如夏晓虹《晚清女报中的乐歌》（《中山大学学报》2008年第2期）、李静《乐歌中国——近现代音乐文化与社会转型》（北京大学出版社，2012年）、王风《晚清拼音化与白话文运动催发的国语思潮》（《现代中国》第一辑，湖北教育出版社，2001年）、王东杰《声入心通——国语运动与现代中国》（北京师范大学出版社，2019年）、梅家玲《有声的文学史——"声音"与中国文学的现代性追求》（《汉学研究》第29卷第2期，2011年6月）、陆胤《晚清文学论述中的口传性与书写性问题》（《中国社会科学》2019年第5期）、季剑青《"声"之探求——鲁迅白话写作的起源》（《文学评论》2018年第3期）。

个角度，拓展"现代中国研究"[1]。从声音入手，谈论晚清以降的启蒙事业，可做的事情很多，其中包括考辨"演说"的传入与嬗变。演说可以是政治宣传，可以是社会动员，也可以是思想启蒙或学术普及——表面上只是演说内容的差异，实则牵涉到演讲的立意、文体、姿态、身段、听众反应以及传播效果等。此前我曾主编"现代学者演说现场"丛书（山东文艺出版社，2006年），并撰写了若干专业论文。这一回希望深入技术及政治、文化层面，考察晚清以降的"演说"，是如何被鼓动及训练出来的。

　　梁启超1902年创刊于日本横滨的《新小说》第一号上，有"学生某"的《东京新感情》，其中"最得意二十一条"，包括"听朋侪演说，最得意"；"一动笔，一开口，觉新异议论、新异名词满肚，最得意"；"自由、民权等议论，倡言无碍，最得意"；"痛骂官场，最得意"等[2]，很能显示那个时代的新风气。言论尺度有宽有窄，但关心国事的演说，戊戌后逐渐蔚然成风。从可以肆无忌惮谩骂清廷的日本东京，到天子脚下说话不能不多有禁忌的帝都北京，到处都留下了演说家矫健的身影。与此相适应，报章上也多有关于演说的报道，以及诸多成文的演说稿。

　　我所见到的关于清末民初演说场景的描写，没有比黄炎培的《参观京津通俗教育记》更精彩的了。1914年10月13日午后2时，黄炎培驱车至崇文门外花儿寺街火神庙，现场观察一场演说。先

1　参见陈平原《"现代中国研究"的四重视野——大学·都市·图像·声音》，《汉语言文学研究》2012年第1期；收入《读书的风景——大学生活之春花秋月》，北京：北京大学出版社，2019年。

2　学生某：《东京新感情》，《新小说》第1号，1902年11月。

图1-3　《新小说》封面

是外部环境的描写："庙古而屋未破，山门双辟，旁悬牌立旗，大书'今日讲演'字样。门外小桌陈教育画数十种，皆出售者，每纸铜圆一枚，观者如堵，以一职员司之。入门，廊下悬巨幅滑稽画，一人张大口作高呼状，左右简章数条。大殿古佛一龛，讲者听者分东西向。讲坛一，黑板一，讲桌一，讲鞭一，其下设座容数十人。"接下来进入正题，简要介绍演说的全过程，并略加评述：

> 讲题似为劝戒烟，于三十分时间，记其讲演之内容如下：
> 人之知觉，脑之作用（画图），鸦片，纸卷烟，兴奋之功用，烟精（画图）、卫生上之损害，经济上之损害。
> 讲音与讲态，以余评之，俱可予以七十以上之点数。

有时兴酣，以鞭击桌发大声，听者肃静，时领其首作领悟
状。既而第二讲员上，仍前题而出以滑稽，四座精神复一
振焉。[1]

地点是京师的古庙，背景有巨幅滑稽画，演说者"有时兴酣，
以鞭击桌发大声"，也有"出以滑稽"，让四座精神为之一振的，
此等描写，很容易让人联想到传统中国源远流长的说书。这正呼
应了此文开头京师名记者黄远庸的提醒：清末民初，京津地区以
演说为主干的通俗教育之所以推展十分顺利，与此地民众喜欢听
说书有直接关系。[2]

在大庭广众面前，公开陈述自己的政治见解，吸引广大听众
并收获满堂掌声，此举说易不易，说难也不难。关键看现场氛围，
以及演说者能否顺应民心（听众的趣味）、拿捏得当。大才子郭沫
若曾在回忆录中用戏谑口吻，总结此等演说技巧：

我是经过五卅潮涤荡过来的人，在那高潮期中讲演过
好些次，不知不觉之间也就把那妙窍懂到了。的确的，你
总要目中无人才行。尽管有多少群众在你面前，他们都是
准备着让你吞的，你只是把他们吞下去就行了。怎样吞法
呢？我告诉你，你的声音总要宏大，语句总要简单，道理

1　黄炎培：《参观京津通俗教育记》，《教育杂志》第七卷第一号，1915年1月。
2　"京师之民有惯习焉，业务余暇，必听讲书词、小说，久乃成癖，若日用饮食之
　不可离。今导以宣讲，变其义，仍其形，民之听之，若犹是书词、小说也，故势
　至顺而易效。南方无是。"

总要武断。愈武断，愈有效果。最好要办到一句便是一个口号。喊口号的方法你总是知道的吧？那照例是要有宏大的声音的。但一味的宏大也不行，你总得要有抑扬，而且要先抑而后扬。一句话的表达要这样、一场演说的表达也要这样，——再说一次，总要先抑而后扬。在结尾处你把声音放大，在愈武断的地方你愈把声音放大，包管你是要受着热烈的喝彩的。千切不要贪长，千切不要说理，千切不要先扬后抑，这些都是催人睡眠的东西。懂得这些妙窍，尽管有多少群众都不够吞，人少，少得仅仅四五十人，等于一口稀饭了。[1]

作为实例，郭沫若还记下自己当初那次演讲的具体内容，全都是大话、空话、套话，逻辑混乱，比拟不伦，语句简单，道理武断，但效果极佳，一句一鼓掌，讲完还有董事拉着他的手说："你今天讲得可真好！"

此等新潮的教育手段与娱乐方式，敏感的小说家自然不会错过。光绪二十八年（1902），梁启超借政治小说《新中国未来记》驰骋想象：六十年后，中国人在南京举行维新五十周年庆典，同时在上海开大博览会，不只展览商务、工艺，而且演示学问、宗教——"处处有演说坛，日日开讲论会"[2]。借助于演说，"西学"迅速"东渐"，"群治"得以"改良"，这点没有人怀疑，只是对当下国人的演说水平，小说家大都不敢恭维。若李伯元《文明小史》

1　郭沫若：《创造十年续编》第122—123页，上海：北新书局，1946年。

2　饮冰室主人：《新中国未来记》第一回，《新小说》第1号，1902年11月。

（商务印书馆，1906年）第二十回"演说坛忽生争竞，热闹场且赋归来"、吴蒙《学究新谈》（商务印书馆，1908年）第二十七回"言语科独标新义，捐助款具见热心"、吴趼人《上海游骖录》（群学社，1908年）第十回"因米贵牵连谈立宪，急避祸匆促走东洋"等，都对作为都市新景观的"演说"抱热讽冷嘲的态度。

　　在正面描摹演说场中的"声音"，以及讲者与听众如何互动，还有由演说引出的时代风云和人生百态的方面，小说家们做了很多尝试。有的立意很好，但笔墨跟不上，描写呆滞，变成了纯粹的说教。[1]如需推选一个精彩的演说场景，我倾向于吴趼人《新石头记》第十七回"眛莼园两番演说，长发栈一夕清谈"：

　　　　看官，须知这张园是宴游之地，人人可来，所以有许多冶游浪子与及马夫、妓女，都跑了进来，有些人还当是讲耶稣呢。笑言杂沓，那里还听得出来？只见一个扮外国装的，忽的一声，跳上台去，扬着手中的木杆儿，大声说道："今日在这里是议事，不是谈笑！奉劝你们静点，不要在这个文明会场上，做出那野蛮举动出来。"说罢，忽的一声，又跳了下去。宝玉细认这个人时，却就是前回那黄黄脸儿的后生。见了他今天的装扮，方才知道他头回并非是在热丧里，是要留长了短头发，好剪那长头发的意思。以后又陆续有人上去说，可奈总听不清楚。宝玉不耐烦，正

---

[1] 1917年商务印书馆刊行王理堂撰文言长篇小说《女学生》，其中第十五章讲述主人公兰儿演说办学的重要性（第52—56页），中间夹杂某报记者记录稿，从卢梭、罗兰夫人一直说到福泽谕吉，洋洋洒洒，可就是无趣。

图1-4　吴趼人《新石头记》
第十七回插图

想走开，忽然听得一阵拍掌之声，连忙抬头看时，只见台
上站着一个十四五岁的女孩子。宝玉吃了一惊，暗想："近
来居然有这种女子，真是难得！"因侧着耳朵去听，只听
他说道："一个人，生在一个国里面，就同头发生在头上一
般。一个人要办起一国的大事来，自然办不到。就如拿着
一根头发，要提起一个人来，那里提得起呢。要是整把头
发拿在手里，自然就可以把一个人提起来了。所以要办一
国的大事，也必得要合了全国四百兆人同心办去，那里有
办不来的事！"众人听了一齐拍手 以后人声更加嘈杂，竟
然听不出了。说了一会下去，忽然又走上一个和尚来。宝
玉暗想："这个和尚一定有点妙谛，要说的天花乱坠的了。"
留心要听时，无奈那些人见上去了一个和尚，都在那里惊
奇道怪，甚至有捧腹狂笑的，那里还听得出一个字来。那

和尚说完了，合十打了个问讯，便下去了。以后忽然上去
一人，吼声如雷的大喊起来。看他满脸怒容，一面说一面
拍桌子，就和骂人一般。把桌上的一个茶碗，也拍翻了，
几乎把那桌子也拍了下来。旁边走过两个人，一人一面把
桌子扶住了。他益发拍的利害。这个人的声音大，应该听
的清楚了，谁知他声音大时，底下吵的声音也跟着他大了，
仍是听不出来。这个人喊嚷过了，便有一个人上去，举起
一只手道："演说已毕。"于是众人纷纷散去，也有许多围
在那签名处的。[1]

比起梁启超《新中国未来记》提及张园演说，"也有讲得好
的，也有不好的，也有演二三十分钟的，也有讲四五句便跑下来
的"[2]，相对而言，吴趼人的描写更精微——虽也略带讥讽，但笔下
多有温情。这与作家本人热心演说，但又感叹国人演说能力欠佳
大有关系。1901年3月24日，吴趼人参加上海各界爱国人士在上海
张园举行的第二次反对"俄约"的集会并发表演说，演说稿刊两
天后的《中外日报》；1905年7月，吴趼人辞汉口《楚报》之职归
沪，又积极参加反美华工禁约运动并多次发表演说。[3]关于后者，
吴趼人曾借为周桂笙《新庵译屑·演说》撰写评语，表达观感：

1　《吴趼人全集》第六卷第137—138页，哈尔滨：北方文艺出版社，1998年。

2　饮冰室主人：《新中国未来记》第五回，《新小说》第7号，1903年9月。

3　参见吴趼人《致曾少卿书》，魏绍昌编《吴趼人研究资料》第328—329页，上海：
　　上海古籍出版社，1980年；王俊年《吴趼人年谱》，《吴趼人全集》第十卷第25、
　　32—33页。

乙巳六月以后，抵制美约事起，各社会之演说者无虚日。试往聆之，则今日之演说于此者，明日复演说于彼，屡易其地，而词无二致，如移置留声器然。[1]

也就是说，演说确实很重要，但国人还没掌握好此传播文明之利器，往往空有热情，而词不达意，说来说去就是那么几句，很难真正打动听众。

熟悉现代中国小说的，肯定记得老舍《赵子曰》中慈眉善目的张梦叔教授演说"女权"，现场如何一片混乱。[2] 而钱锺书《围城》第二章中，游学归来的方鸿渐应邀在中学演说，更是出尽洋相。先是"醉眼迷离，翻了三五本历史教科书，凑满一千多字的讲稿，插穿了两个笑话"；临上场又换错了衣服，只好鸦片呀梅毒呀胡扯了一通，"不到明天，好多人知道方家留洋回来的儿子公开提倡抽烟狎妓"。[3]

与此类讽刺笔墨相对应的，是大量正面描写演说场景的中长篇小说。那是因为，从辛亥革命，到"五四"、"五卅"，再到大革命、抗日战争、土地改革等，所有重大历史事件，一旦涉及社会动员，都离不开演说，比如茅盾的《蚀》、蒋光慈的《短裤党》、萧红的《生死场》等。最典型的演说场景，不妨举《倪焕之》《大波》《八月的乡村》三部作品为例。

若论有意识地借"演说"推动情节发展、凸显人物性格，当

1　《新庵译屑·演说》之"趼人氏曰"，《吴趼人全集》第九卷第165页。

2　参见老舍《赵子曰》第204—206页，上海：商务印书馆，1928年。

3　钱锺书：《围城》第46—50页，上海：晨光出版公司，1947年。

推叶圣陶1928年起在《教育杂志》上连载的长篇小说《倪焕之》。先是第2节提及倪焕之对于校长的演说深深感动，虽然"他讲朝鲜，讲印度，讲政治的腐败，讲自强的要素，实在每回是这一套，但学生们没有在背后说他'老调'的"[1]；后面第23节则"对于日来说教似的自己的演讲，他不禁起了怀疑"[2]。但最核心的是正面描写倪焕之的两场演说：呼应"五四"运动（第19节）与参与"五卅"集会（第22节）。作者饱含深情，详细描述演说者的动作、言语及精神状态。前者是"他点起了脚，身子耸起，有一种兀然不动的气概；平时温和的神态不知消隐到那里去了，换来了激昂与忧伤，声音里带着煽动的调子"[3]；后者则"焕之开口演讲了。满腔的血差不多涌到了喉际；声音抖动而凄厉；他恨不能把这颗心掏示给听众。……鼓掌声呼喊声却警醒了他。他从沉醉于演讲的状态中抬起头来，看见各色的纸片正纷纷地从高空飞下。一阵强烈的激动打着他的心门，他感觉得要哭。但是立刻这样想：为什么要哭？弱虫才要哭！于是他的脸上露出坚毅的微笑"[4]。

至于下面这段文字，可谓形神兼备，是我见到的现代中国小说中描写"演说"最为精彩的：

> 第二个登台的是倪焕之。近来他的愤激似乎比任何人都利害；他的身躯虽然在南方，他的心灵却飞驰到北京，参加

1　叶圣陶:《倪焕之》第21页，上海：开明书店，1930年。

2　同上书，第326页。

3　同上书，第270—271页。

4　同上书，第307—310页。

学生的队伍；他们奔走，他们呼号，他们被监禁，受饥饿，他的心灵仿佛都有分。他一方面愤恨执政的懦弱，卑污，列强的贪残，不义，一方面也痛惜同胞的昏顽，乏力。……他恨不得接近所有的中国人，把这一层意思告诉他们，让他们立刻觉悟过来。此刻登台演讲，台下虽只有几百人，他却抱着临对全中国人那样的热情。他的呼吸很急促，胸膈间似乎有一股气尽往上涌，阻碍着他的说话，致使嘴里说的没有心里想的那么尽情通畅。他的眼里放射出激动而带惨厉的光；也可以说是哀求的表情，他哀求全中国人赶快觉悟；更可说是哭泣的表情，他哭泣中国已到了不自振作强邻鄙视的地位。他的一只右手伸向前方，在空中画动，帮助说话的力量；手掌是张开着，像待与人握手的姿势，意思仿佛是"我们同命运的同国人啊，大家握起手来吧！"[1]

在现代中国小说中，像叶圣陶这样认真且成功地描摹演说场景及人物心理的，不是很多；但借助"演说"驰骋想象，推进情节，则比比皆是。

李劼人的"大波三部曲"中有不少关于演说的正面描写，尤其是保路运动中同志会演说、革命党人关于革命的论述等，演说地点则涉及茶馆、街道、公馆、办公场所等。如未完稿的《大波》第四部第一章"不平静的日子"，介绍南校场演说会的前因后果，带入观众的视角与现场氛围，还有第二天各家报纸的新闻报道方

1　叶圣陶：《倪焕之》第268—270页。

式，如标题、字体、详略、人名，以及后续的社会效应等。下面这段站在听众立场的观察与描写，可与上述吴趼人《新石头记》第十七回相对读：

> 董修武正在演说。远远地只能看见他那未蓄胡须的口一张一阖，一股劲在提高声音。毕竟坝子太宽敞，不像在屋子里聚音，已经不甚听得清楚，只零零碎碎抓住几句："……我们同盟会……革命！……排满！……民族！……我们孙中山先生……光复中华！……创立民国！……实行共和！……平均地权！……我们孙中山先生……我们的主张……"而且挤在台子下的人们又都各自在发言，不晓得是评判董修武的话？抑或在发舒己见？发言的声浪并不比台上演说人的声浪低。何况还由李俊领头，几乎不断地在拍掌。[1]

至于萧军《八月的乡村》第八节"为死者祭！"，描写游击队司令陈柱在战友的葬礼上演说。大段大段的议论，夹杂若干场面描写，群情激昂，很是震撼人心。缅怀战友与动员士兵，这是任何一个称职的军事指挥员都必须做的，尤其是在战争年代。据小说称，"声音震荡着气流，震荡着围墙外面的树林，深深地，深深地向四围山谷里去消没……"[2]——那既是写实，也是象征。

从吴趼人到李劼人，众多小说家之所以特别关注那些"震荡"着现代中国的"声音"，因那既是政治，也是技术，还是文化，偶

1　李劼人：《大波》第三部第402—403页，北京：人民文学出版社，2005年。

2　田军：《八月的乡村》第193页，上海：奴隶社，1936年。

尔还牵涉美学。可以这么说，晚清以降，无数知识精英借助刚刚习得的"演说"来表达政见、传递新知、影响社会，同时变化自家气质。这里牵涉政治信仰、文化关怀、学术积累、技术训练等，需要仔细分疏。

二、演说之视觉呈现

作为一种物理现象的"声音"，只能出现在演说的现场。如何借助技术手段，重现这个转瞬即逝的"演说现场"，是个有趣的话题。相对来说，文字最为简便，也最有效，比如当初报章上的新闻报道、演说实录，或者听众多年后的追忆，乃至小说家的驰想想象等。实际上，我们关于晚清以降"演说"历史与功用的研究，绝大部分都是借助文字资料。随着各种报刊数据库的建成与开放，检索近现代中国众多政治家、文人、学者的演说（无论基于人物、时间、地点，还是主题、传播、影响力等），不能说唾手可得，但技术含量显然已不太高，难度主要体现在集合、拼接与阐释。

同样涉及"演说"，本该与文字资料相辅相成的图像呈现与声音记忆，可谓寥寥无几，完全不成比例。需要着力钩稽的是，关于演说的图像与声音。

用"图像"来呈现晚清以降迅速崛起的"演说"，听起来似很容易，做起来可真难。除了我专门论述的晚清画报中的演说[1]，还

1　参见陈平原《晚清画报中的声音》，《文艺研究》2019年第6期。

有闻一多创作的"天安门前的青年讲演者"[1]，我特别关注涉及演说的老照片，尤其是能确认时间、地点、演讲题目以及拍摄者的新闻摄影。真的如大海捞针，借助若干数据库，我还是没能找到清末民初著名政治家宋教仁的演说照片——尽管都知道他提倡宪政且擅长演说。闻一多也以演说见长，可到目前为止，我找到的他的演说照片也就两张，一见于1946年版《人民英烈——李公朴闻一多先生遇刺纪实》，一载于1948年开明书店/1982年三联书店版《闻一多全集》。[2]

我曾这样谈论如何"触摸历史"："提供足以帮助读者'回到现场'的细节与画面，对于'五四'研究来说，并非可有可无。因而，本书之选择图像与文字相配合的表述方式，不全是为了愉悦读者——也包括对历史研究方法的反省。"[3]基于此理念，当初在编写《触摸历史：五四人物与现代中国》时，我们曾确定一个原则：不纯从审美角度"插图"，选择历史图像时尽可能贴近"五四"运动这一规定情景，人物照片则大致不出事件前后十年。就这么一个"简单"的要求，也都让我们上下求索，费尽心机，且所得依旧有限。[4]

你很难想象，作为一个从一"出生"就被广泛认可且流传久

1　参见闻立树、闻立欣编撰《拍案颂——闻一多纪念与研究图文录》第393页，北京：北京图书馆出版社，2007年。此乃闻一多为《清华年报》(*TSINGHUAPPER*)即清华学校1921届毕业班纪念集创作的书籍装帧，图片上方有英文"BEFORE THE AUDIENCE"，中文题目由《拍案颂——闻一多纪念图文集》编者代拟。

2　参见陈平原《作为演说家的闻一多》，《文汇报·文汇学人》2019年11月22日。

3　陈平原、夏晓虹编：《触摸历史：五四人物与现代中国》第51—52页，广州：广州出版社，1999年。

4　同上书，第351页。

远的政治事件[1]，"五四"运动可供使用的老照片其实不多，学界用来用去就是常见的那些。受制于当年的拍摄器材、报刊的编辑策略以及书籍的印刷水平，想找到合适的图像资料很不容易。《触摸历史：五四人物与现代中国》的"总说"部分，请该书作者之一、在中国历史博物馆（即现中国国家博物馆）从事"中国通史陈列"晚清部分设计工作的苏生文配图，其使用图像资料的便捷，可谓得天独厚了。比如第16页的"北大讲演队第九组队旗"，那是1919年6月4日北京大学学生上街演讲时携带的，实物现存中国国家博物馆。前些年"复兴之路"基本陈列曾展示这面纵45.5厘米、横64.3厘米的白色布旗，那是学生撕开被单自己缝制的，右侧尚存有白色棉线。此旗的来源非常可靠：学生被捕后，"这件讲演队的布旗也随学生们一起被带到警察局，直到1959年由北京市公安局档案科拨交国博，作为见证五四爱国运动中青年学生的拳拳爱国之心而一直被珍藏"[2]。

"五四"运动的成功，很大程度得益于新的传播手段，比如集会、游行、旗帜、标语、传单、通电，还有极为重要的街头演说。晚清迅速崛起的演说，作为一种十分有效的通俗教育形式，到民初已经成为一种制度建设。比如"五四"前京城就有13家正规的讲演所（城里10家，郊区3家），"北京还有一支专门的讲演

---

1 "历史上难得有这样的事件，当事人的自我命名迅速传播开去，且得到当时及后世读者的广泛认可。……此后，一代代文人、学者、政治家及青年学生，便是在此基础上建构有关五四的神话。"参见陈平原《作为一种思想操练的五四》第4页，北京：北京大学出版社，2018年。

2 吕章申主编：《复兴之路展品100个故事》第95页，北京：北京时代华文书局，2017年。

队伍，巡回于庙会、集市，每月还在8个不同的讲演所里讲演"。讲演者是有报酬的，"固定讲演人每月薪金10元，而那些经验丰富的巡回讲演人每小时2元"。而北京城里规模最大、设备最完善的讲演所，当推1915年开办的直属教育部、位于珠市口西大街的模范讲演所："讲演厅内有450个座位，平均每场人数为300人。讲演每晚7：00—9：00，讲演前通常有唱片音乐会，而后常有电影放映。"[1] 这些得到政府支持、大都由京师学务局主管的讲演所，在"教育国民，改良社会"方面，曾发挥很好的作用。日后声名远扬的北京大学平民教育讲演团刚成立时，也曾与其开展合作。

刊载于1919年4月28日《北京大学日刊》的《平民教育讲演团致团员函》，称已与京师学务局协调好，借用城里十个讲演所中的四处，"可于各所讲演钟点外，或前或后加讲一点钟"。安排给北大平民教育讲演团的场所和时间是：位于珠市口南路东的京师公立第一讲演所，时间是下午二时至四时；位于东安门外丁字街路南的京师公立第四讲演所，时间也是下午二时至四时；位于西单牌楼南路西的京师公立第五讲演所，时间是下午三时至五时；位于地安门外大街路西的京师公立第十讲演所，时间是下午一时至三时。[2] 阅读北大平民教育讲演团的演讲题目，1919年5月4日是个明显的分界线，此前是一般的通俗教育，此后一转而为激烈的政

1　〔美〕西德尼・D.甘博：《北京的社会调查》上册第147—152页，陈愉秉等译，北京：中国书店，2010年。

2　参见王学珍、郭建荣主编《北京大学史料》第二卷下册第2605—2606页，北京：北京大学出版社，2000年。

治抗争。[1]因此，那张被广泛使用的北大平民教育讲演团团员平静地站在京师某公立讲演所前面，必定拍摄于五月四日之前。[2]因为此后北大学生发表反抗政府的政治演说，只能改在风雨飘摇的十字街头，而不可能是安谧平和的讲演所里。

《触摸历史：五四人物与现代中国》的"总说"部分，配了很多历史照片，比如北京各校学生在天安门广场集会、游行队伍在行进中、军警逮捕学生、北京各界欢迎被释放的学生，以及学生回校后举行庆祝活动等，可惜这些照片大都不够清楚，因为是从旧报刊翻拍的。唯独第49—51页那三张演说照片，明显清晰很多。后来才知道，那是从美国社会学家甘博（Sidney D.Gamble，1890—1968）刊行于1921年的英文著作《北京的社会调查》（*Peking, A Social Survey*）中复制而来。该书包括50幅珍贵的黑白照片及38张地图和图表。幸运的是，就在《触摸历史：五四人物与现代中国》出版半年后，具体说就是1999年9月16日—10月1日，中国历史博物馆举办了包括210幅图片的"风雨如磐：'五四'前后的中国——〔美〕西德尼·甘博1908至1932年中国摄影北京首展"。此专题展因大获好评，此后若干年在中国多个城市巡回展出。[3]至此，社会学家甘博的摄影成就，方才逐渐被中国人了解与欣赏。

1　对比1919年4月11日《北京大学日刊》的《平民教育讲演团纪事：在蟠桃宫连讲三日》与1919年5月14日及5月21日《北京大学日刊》的两则《平民教育讲演团纪事》，可以看得很清楚，见王学珍、郭建荣主编《北京大学史料》第二卷下册第2604—2608页。

2　参见陈平原、夏晓虹编《触摸历史：五四人物与现代中国》第147页。

3　参见邢文军、陈树君《风雨如磐：西德尼·D.甘博的中国影像（1917—1932）》第380—388页，武汉：长江文艺出版社，2015年。

对于甘博在《北京的社会调查》《二十五年来北京之物价、工资及生活程度》《北平市民的家庭生活》《定县——华北农村社会》等专业著作之外，留给后世的"甘博镜头下的中国"，著名汉学家史景迁有精彩的描述："他对摄影的爱好为他关注那个时期的社会危机又增添了一份客观详实的新闻报道能力"；"甘博的照片在质量、想象力、技术水平和多样性方面均超出了仅仅作为记录中国人生活或风景的那些照片的水平，人们把他置于那为数不多的被挑选出来的优秀摄影师的行列中是理所当然的"。[1]

现存甘博所拍5000多幅黑白照片与500多张手工上色的幻灯片中，最主要的是人与社会、城市与建筑、宗教与民俗等；这种摄影眼光，是他的社会学及人类学训练决定的，也为其著作插图做了充分储备。出乎意料的是，甘博来华时碰上了若干重要历史时刻，于是，他的新闻摄影才华得以展现。

曾在美国马萨诸塞州州立大学以甘博为博士论文题目的邢文军，在《老照片》第十八辑（山东画报出版社，2001年）上刊发《西德尼·D.甘博镜头下的中国》，后又与陈树君合作出版《风雨如磐：西德尼·D.甘博的中国影像（1917—1932）》。在后者的"引言"中，邢文军称："甘博的照片风格融纪实、素描、民俗、社会学和艺术于一体。他的照相机抓住了旅居中国期间的重大社会历史事件，其中最具意义的是1918年华北和天津的大洪水、紫禁城的停战和平庆典、1919年五四运动、1925年孙中山的葬礼、

1　〔美〕史景迁：《中国纵横——一个汉学家的学术探索之旅》第56、64页，夏俊霞等译，上海：上海远东出版社，2005年。

1925年五卅惨案和20世纪30年代的平民教育运动。"[1]

而在我看来,甘博新闻摄影的重中之重,应该是"五四"运动。甘博四次旅居中国,我最关注的是1917—1919年这一次。因为,1918年夏,甘博开始担任北京基督教青年会的义务调查干事,负责对中国首都进行一次史无前例的社会调查。关于甘博在北京基督教青年会的服务时间,或称1918—1932年,工作范围是"研究工作";或分为1918—1919、1925—1926年两段,职务为"干事"[2]。居京期间恰好碰上了"五四"运动,回美国后,"1920年1月29日,甘博以五四运动的目击者身份,在美国《大陆》杂志发表文章,首次详细、生动、全面地介绍了五四运动的展开和学生们反对军阀政府的经过"[3]。1921年《北京的社会调查》出版,展现了这个神秘的东方古都的方方面面,在论述"政府"的第四章中,作者专设"学生运动"一节。在综述性质的社会学著作中,分析刚刚发生的新闻事件(文字之外,还有若干图片),这很能体现作者的立场与兴趣。[4]

随着《北京的社会调查》中译本出版(中国书店,2010年),

1　邢文军、陈树君:《风雨如磐:西德尼·D.甘博的中国影像(1917—1932)》之"引言:西德尼·D.甘博摄影镜头下的中国"第7页。

2　参见左芙蓉《社会福音、社会服务与社会改造——北京基督教青年会历史研究1906—1949》第364页,北京:宗教文化出版社,2005年;杜玉梅《新中国成立前北京的基督教青年会》,《北京档案史料》2006年第4期。

3　参见邢文军《中译本引言》第5页,〔美〕西德尼·D.甘博《北京的社会调查》上册,陈愉秉等译。

4　史景迁提及甘博对于1919年学潮的观察:"这一时期的北京是一个令人情绪激动和兴奋的地方,在一些非常出色的照片中,甘博捕捉到了被激怒的年轻人愤怒而绝望的情绪的镜头。"见〔美〕史景迁:《中国纵横——一个汉学家的学术探索之旅》第60页,夏俊霞等译。

以及浙江人民美术出版社编译的《甘博摄影集》（全十五册，浙江人民美术出版社，2018年）刊行，像我这样的外行，也都开始对学者兼摄影家甘博产生浓厚兴趣。从第一次重新发现甘博存世照片的1984年，到其长女和家人推出摄影集的1988年、第一次举办摄影专题展（纽约）的1989年，再到十年后开启其在中国的奇妙历程，甘博的社会学家形象逐渐被摄影家取而代之。但我还是认定，这批照片的主要价值，不在摄影技巧，而在于其立场、主题、学养与温度。

这五千多帧珍贵的老照片，现藏美国杜克大学图书馆的"甘博照片数据库（Sidney D. Gamble Photographs）"，可免费阅读与下载。因原图注明了拍摄时间或主题，我们很容易检索到，涉及北京的"五四"运动图片，主要是三部分：第一部分共七帧，拍摄于1918年11月14日，各种学生和平游行场面，庆祝"公理战胜强权"，中国成为"一战"战胜国之一。第二部分共十九帧，其中标注1919年6月3日拍摄的六帧，6月4日拍摄的六帧，其余七帧呈现关押学生监狱的食堂、探视室、操场，以及门口的看守、监狱外坚守的师范学生等，拍摄时间应该紧随其后，但没明确说明。第三部分共六帧，乃1919年11月29日学生在天安门前集会，抗议日舰侵扰福州，发起抵制日货运动。央视网—新闻频道—图片频道2013年2月3日发布的高清图集《1919年天安门3万多学生反日大游行》（七帧），全单照收甘博所拍六帧图片，另外再将其中一幅局部放大（呈现"同胞快醒"标语），可惜没有说明图片来源。

浙江人民美术出版社编译《甘博摄影集》，自然是来自杜克

图1-5　1919年11月29日学生在天安门前集会（甘博摄）

大学图书馆收藏，但注释照抄原文，未能详加考证。就以我最为关注的1919年6月3日、4日那十二帧照片为例，多处出现明显讹误，主要问题是将拍摄背景误认为画面主角。[1]6月3日拍摄的四帧连续性照片（编号260—1486至260—1489），原文标注"YMCA Students Speaking"，直译确实是"基督教青年会学生讲演"；但稍加辨认，上面有"北京大学学生讲演团第十五组"旗帜，准确的说法应该是：北大学生在基督教青年会大楼前演讲。

前面已经提及，1918年至1919年间，甘博任北京基督教青年会干事，自然是经常出入位于东单北大街的北京基督教青年会大楼（1988年拆除）。这是一座红砖砌筑的3层楼（外加半地下

1　参见〔美〕西德尼·戴维·甘博著、浙江人民美术出版社编译《甘博摄影集》第五册第59—74页，杭州：浙江人民美术出版社，2018年。

图1-6　北京基督教青年会大楼正面照（甘博摄）

室），占地面积360平方米，1911年4月开建，1913年7月竣工，在当年属于北京城里豪华的西洋建筑。甘博《北京的社会调查》第十六章"宗教事务"有一节"基督教青年会"，专门介绍其开展的七项工作，"福音传播和宗教教育"仅列第四，排在第一位的竟然是："在大楼内开展或提供的社会和教育活动——音乐会、电影、演讲、游泳池、台球、餐馆、阅览室、图书馆和宿舍。"[1]书中插图乃此大楼清晰的正面照，正可作为上述四帧连续照片的背景资料。

　　1919年6月3日，北大及其他院校两千多名学生走上街头，分成很多小组，三五成群开展演说，此事各种史书都有记载。位于

东单的基督教青年会大楼，距离北大红楼仅2.4公里，"北京大学学生讲演团第十五组"跑来此处演说，在情理之中。而敏锐的社会学家兼摄影家甘博抓住这千载难逢的好机会，在大楼前面跳上跳下，围着演讲者及听众，拍下了这一组清晰的演说照片。（见下页图）第一张是全景，站在台阶上的演讲者正挥舞小旗帜，奋力演说，几十位听众，有长衫也有短褂，还有一位留着长辫子。第二张警察来了，正在交涉中，戴着眼镜的演讲者做着很有力的手势，讲演团的旗帜半卷着，依稀可见"北京大学（学生讲）演团第十五组"。第三张拍摄者后退了好几步，画面中心成了军警及其所牵马匹，好处是远处"北京大学学生讲演团第十五组"的旗帜亮出来了。第四张军警正撤去，好奇的小孩子注视着摄影师的镜头，演讲者边做手势边讲，但几十位听众眼神颇为分散，中间还有位年轻人，目送撤退的军警，整个场面相当平和。

第二天就大不一样了，风云突变，军警开始抓捕学生。编号261-1493的图片，说明文字是："1919年6月4日，学生被捕，条幅挂在北大学生脖子上。"仔细观看，那被捕学生胸前挂着的旗帜，上面写着"北京大学学生［讲演］团第二二组"，其中"讲演"二字看不见，是我根据常理推出来的。那天上街讲演的各校学生均有被捕的可能，甘博就拍有三帧题为"清华学生被捕"的照片。前两帧画面上只有军警，被捕的是否清华学生不好说；第三帧比较完整，军警押解挥舞着旗帜的学生，那旗帜上竖写的"讲演团"三字很清晰，横写的则比较模糊，尽可能放大辨认，应该是"国立法政"。换句话说，起码这编号261-1492的第三帧，拍摄的是北京法政专门学校学生被捕。此学校5月4日游行那

图1-7至1-10　1919年6月3日北大学生在北京基督教
青年会大楼前演说（甘博摄）

图1-11　　1919年6月4日军警抓捕北大学生（甘博摄）

图1-12　　1919年6月4日，军警抓捕北京法政专门学校学生（甘博摄）

天出动的人数，仅次于北京大学与北京高等师范学校，乃学生运动的中坚力量。

"五四"运动存留的新闻照片数量实在太少，且拍摄者不详，辗转使用的结果，画面往往模糊不清。难得像甘博这样的连续跟踪拍照，且底片保留良好，还注明了拍摄时间和主题（虽不太准确）。仔细推敲这些老照片，将其与历史档案、新闻报道乃至回忆录等相对照，深入发掘其历史文化内涵，是可以构建较为完整且可信的"演说现场"的。

三、演说之听觉记忆

现代社会，几乎所有成功的政治领袖，都有演说的兴趣及能力。某种意义上，其个人魅力很大程度来自于大小集会上侃侃而谈的演说风采。只可惜，因技术条件的限制，晚清以降绝大多数或十分精彩、或曾发挥巨大功用的演说，都随风飘散了。

当时的记录不太可靠，除非是受过专门训练的速记员，且经作者本人认真修订；日后的追忆更是容易失真，且容易有叠加效应。至于小说中五彩斑斓的演说，那更属于作家的艺术创作。若能有意识地保留演说的声音，以便后人将其与文稿相对照，无疑是最佳选择。

1924年5月30日，正在广州养病的孙中山，应上海《中国晚报》的邀约，在广州南堤的小憩俱乐部，对着留声机进行演讲。此演讲被制作成三张每分78转的胶木唱片，其中包括两张国语（普通话）版，一张粤语版。这是唯一存世的孙中山完整录音，弥

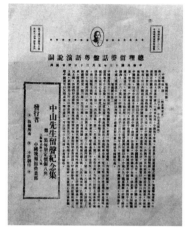

图1-13　1924年上海中国晚报馆留声部制售《中山先生留声纪念集》

足珍贵，况且还有与之配套的《中山先生留声纪念集》[1]。原版唱片很难觅得，但托数码技术的福，现在各大网站上很容易找到并下载。至于文字部分，1928年"首都各界总理逝世三周年纪念会印赠"的《孙中山先生演讲集》，也以《同胞都要奉行三民主义》为题，收录了这四段国语版的演说词。1951年（台北）"中央"改造委员会编辑并发行的《总理全书》之七《演讲》（下），也录入此文，副题为"民国十三年五月卅日应上海中国晚报之请播音于广州之留声机片词"。北京的中华书局1956年版《孙中山选集》只选了第四段，题为《反对假革命》，下加注释："这是孙中山先生留声演讲的第四片"。人民出版社1981年10月印行第二版《孙中山选

1　我最早注意到此唱片及《中山先生留声纪念集》，是因姜德明《书叶小集》（《出版史料》第二辑，1983年）以及张伟《一种值得珍藏的声音》（《尘封的珍书异刊》第13—17页，天津：百花文艺出版社，2004年）。

集》，重新校订文字并修改若干文章标题，此文改题《告诫同志》，题注："这是孙中山应上海中国晚报馆之请，在广州所作的留声演说第四回文"；尾注："据上海中国晚报馆留声部制售《总理留声盘国语演说词》（一九二四年五月三十日受音广州）的《告诫同志第四》附页。"

演说乃孙中山的特长，也是其提倡革命、募集经费、动员群众的主要手段。孙曾自称："予少时在美，聆名人演说，于某人独到之处，简练而揣摩之，积久，自然成为予一人之演说。"[1]除了讲稿的准备、现场的控制，中山先生还特别强调平日如何练姿势与练语气。可惜的是，这些对于现场听众来说必不可少的"演说技巧"，在速记稿或整理稿中，是不太能体现出来的。

那些面对公众的"演说"，一旦整理成文，在便利传播的同时，必然减少原本很重要的现场感——比如口音、语调、手势、抑扬顿挫，乃至演讲者的各种肢体语言。现场听众都明白，这些无法用文字记录下来的感觉与氛围，对于一场演说是多么重要。可现代史上很多擅长演说的政治家或学问家，我们只能欣赏其精彩的演说词，却无法真正聆听教诲，实在很遗憾。

这主要不是技术障碍，而是观念问题——古往今来，在很多读书人心目中，落在纸上的才是真正的文章，至于那些随风飘逝的声音，不值得过分重视。可是，留声机的出现，注定将改变这一切。最早将留声机及唱片引进中国的，是位于上海南京路上的英商谋得利洋行（MOUTRIE），据说时间是1897年。翻阅清末民

---

1 《孙中山先生语录·练习演说之要点》，刘禺生撰、钱实甫点校：《世载堂杂忆》第158页，北京：中华书局，1960年。

图1-14　1912年《时报附刊之画报》所刊英商谋得利洋行广告

初上海的报纸，确实多有"谋得利"的推销广告。现存最早的京剧唱片（1904年）是国外制作、国内销售的；而1917年东方百代唱片公司与大中华唱片厂开始改在上海生产粗纹唱片——后者得到了孙中山的大力扶持，并亲自为之命名。换句话说，1917年以后，中国人已经能够在国内完成某些特定声音的灌音、制作与销售。只是基于商业的考虑，加上受众的经济能力与欣赏习惯，唱片内容局限于京剧等戏曲以及流行音乐，还有若干教学用品；在孙中山之前，尚未发现哪个政治家有意识地将其作为宣传工具来使用。

　　在录音之前半年，即1923年12月30日，孙中山在广州对国民党员发表长篇演说，强调"革命成功全赖宣传主义"："我们用以往的历史证明起来，世界上的文明进步，多半是由于宣传。譬如中国的文化，自何而来呢？完全是由于宣传。大家都知道中国最有名的人是孔子，他周游列国，是做什么事呢？是注重当时宣传尧、舜、禹、文、武、周公之道。……今日中国的旧文化，能够和欧美的新文化并驾齐驱的原因，都是由于孔子在二千多年以前所做的宣传工夫。"[1]晚年孙中山意识到，从事革命事业，军事之外，更值得重视的是宣传。宣传不全是演说，但演说无疑是鼓动群众、进行社会动员的最佳手段。考虑到自己身体日渐衰弱，孙中山决定借助新技术来传播自己的思想。

高屋建瓴的孙先生，确实很有预见性，完成此录音后不到一年，便因病在北京去世了。一方面，我们感叹这段录音弥足珍贵，另一方面则驰想，若同时代其他喜欢且擅长演说的重要人物，比如蔡元培、宋教仁、鲁迅、李大钊、陶行知、闻一多等，也能保留下录音资料，那该多好！"声音"不同于"文字"，"倾听"也不同于"阅读"，在疾风骤雨的20世纪中国，演说或演说风的"文章"，当然值得特别关注；可若是能够同时保留声音，那就更理想了。

与孙中山演说录音形成绝配的，大概当推毛泽东的"中国人民从此站立起来了"。这句话，凝聚了百年中国的血泪与希望，特别能激起民族自豪感。因中央档案馆编辑、中共中央文献研究室审定的《巨人之声：毛泽东》（深圳市先科娱乐传播有限公司，1993年）公开发行，我们今天很容易获得"现场聆听"的感觉。一般人以为，这是毛泽东在天安门城楼上宣布中华人民共和国成

---

1 孙中山：《宣传造成群力》，《孙中山选集》第557页，北京：人民出版社，1981年第二版。

立时说的，其实不对，真正的出处是此前十天，即1949年9月21日，毛泽东在中国人民政治协商会议第一届全体会议上的开幕词。这篇气势磅礴的演说词，初刊1949年9月22日《人民日报》，后收入1977年版《毛泽东选集》第五卷。有趣的是，这句几乎所有中国人都耳熟能详的名言，是撮合了演讲的标题与正文，重新组装而成的。题目是《中国人民站起来了》，没有"从此"和"立"；正文则是"中国人从此站立起来了"，缺了"民"[1]。文章题目字斟句酌，更像一句口号；正文带口语色彩，听起来更顺当些，现场感很强。

　　稍加比照，很容易发现，孙中山与毛泽东的这两次演说在内容上遥相呼应，都是在谈论历史悠久的中国如何在艰难中崛起，只不过一是痛心疾首地呐喊，一是兴高采烈地欢呼。二者都使用了文学性语言，一说"睡与醒"，一说"站立起来"。此类动作性很强的表达方式，生动、明快，很有煽动力，特别适合于公众演说。孙中山演说的第一篇篇幅不长，值得全文抄录：

　　　　诸君！我们大家是中国的人，我们知道中国几千年来，是世界上头一等的强国，我们是文明进步，比各国都是先的。当中国顶强盛的时代，正所谓千邦进贡，万国来朝。那一个时候，是中国的文明，在世界上是第一的，中国是世界上头一等的强国。到了现在怎么样呢？现在这个时代，

1　毛泽东：《中国人民站起来了》，《毛泽东选集》第五卷第3—7页，北京：人民出版社，1977年。

我们中国是世界上顶弱顶贫的国家。现在世界上，没有一个能看得起中国人的。所以现在世界的列强，对于中国都是有瓜分中国的念头，也是由近来各国共管中国的意思。为什么我们从前是顶强的国家，现在变成这个地步呢？这就是中国我们近来几百年，我们国民睡着了，我们睡了，就不知道世界他国进步的地方。我们睡着的时候，还是以为我们几千年前是这样的富强的。因为睡着了，所以我们这几百年来文明就是退步，政治就是堕落，所以变成现在不得了的局面。我们中国人，在今天应该要知道我们现在这个地步，要赶快想想法子怎么样来挽救，那末我们中国还可以有得了救。不然，中国就是成为一个亡国灭种的地位！大家要醒！醒！醒！醒！[1]

毛泽东的开幕词稍微长点，但也只有两千三百字。其中最为精彩、最激动人心的，毫无疑问是以下这段：

诸位代表先生们，我们有一个共同的感觉，这就是我们的工作将写在人类的历史上，它将表明：占人类总数四分之一的中国人从此站立起来了。中国人从来就是一个伟大的勇敢的勤劳的民族，只是在近代是落伍了。这种落伍，完全是被外国帝国主义和本国反动政府所压迫和剥削的结

---

1 孙中山：《应上海〈中国晚报〉所作的留声演说》，《孙中山全集》第十卷第236—237页，北京：中华书局，2011年。

果。一百多年以来，我们的先人以不屈不挠的斗争反对内外压迫者，从来没有停止过，其中包括伟大的中国革命先行者孙中山先生所领导的辛亥革命在内。[1]

不管政治立场是左还是右，也不管是现场听众还是后世读者，大概都会承认，这段激情澎湃的演说，很有文采，也很有煽动力。

从孙中山惊呼"中国的安危存亡，全在我们中国的国民睡还是醒"，到毛泽东自豪地宣称"中国人从此站立起来了"，中间隔了25年；而从孙中山录制留声机的1924年，再往前推25年，则有梁启超的《自由书·传播文明三利器》。

1899年，梁启超接受日人犬养毅的建议，将学校、报纸、演说定义为"传播文明三利器"；而且，基于对中国教育现状的了解，梁启超认定"国民识字少者，当利用演说"[2]。此后，整个20世纪中国，无论哪个政党、派别或个人，只要想进行有效的思想启蒙或社会动员，都离不开"演说"这一利器。

演说在晚清的兴起，绝对是一件大事。无论是留声机保存的真实的演说，还是透过记录整理、作为文章发表的虚拟的演说，都让我们意识到，在20世纪中国，有一种声音是可以穿透迷雾、直达九霄的。像目前这样，将《中国人民站起来了》作为中学《历史》课文，着重其政治意涵与文献价值，当然没问题；但如将其选入《语文》课本，从文章的角度理解那些"声音的魅力"，同

1　毛泽东：《中国人民站起来了》，《毛泽东选集》第五卷第4—5页。
2　任公：《饮冰室自由书》，《清议报》第26册，1899年9月。此则原未单独标目，1902年横滨清议报馆出版的《饮冰室自由书》单行本中，方才加题《传播文明三利器》。

样值得赞许。

随着1920年代唱片业以及无线电广播在中国都市的兴起[1]，娱乐、政治以及文化的声音，开始在辽阔的中国大地和天空回荡。1950年6月6日《人民日报》发表题为《各级领导机关应当有效地利用无线电广播》的社论，强调"无线电广播事业是群众性宣传教育的最有力的工具之一"，"特别是在我国目前交通不便、文盲众多、报纸不足的条件下"，利用广播进行宣传和动员，可以发挥极大的作用[2]，农村高音大喇叭开始逐渐普及，1976年底达到了顶峰。此后，高音喇叭的影响力迅速衰落，虽也有若干重新崛起的时刻，但已不复从前。那是因为，民众受教育程度提高，加上生活方式改变，即便偏僻的乡村，单纯收听广播的人口也大为减少了。

眼看电视、网络、慕课、音频节目逐渐普及，再加上制作简便的抖音，如今若想保存以及传播某种声音，已成举手之劳。回过头看，不管是政治、文化还是学术，那种过于僵硬的"训导"或"报告"，很难再吸引听众了。作为一种社会实践，如何学习/操作/传播那些带有"表演"成分的"说话"，在短时间内迅速抓住并长久吸引听众，此等演说技能，对外影响社会，对内塑造人生，可谓前途未可限量。

1　参见葛涛《声音记录下的社会变迁——20世纪初叶到1937年的上海唱片业》，《史林》2004年第6期。

2　参见杨波主编《中国广播电视编年史》第一卷第208页，北京：中国广播影视出版社，2019年。

四、演说之魅力及其可能性

我之所以专注于"演说",除因梁启超的"传播文明三利器"之说,更受鲁迅《无声的中国》的影响——后者在提倡白话文时,用了个形象的比喻:此乃"有声的中国"与"无声的中国"的对决[1]。接着梁启超、鲁迅的"话头",我试图将"三利器"与"有声的中国"相勾连,阐述晚清以降的"演说"怎样深刻影响了现代民族国家的建立。

谈论"演说的魅力",以及其如何训练、运作与展开,还有怎样在历史上发挥重大作用,完全可以有不同的路径与策略。最常被提及的是"开启民智"(比如晚清下层社会启蒙),以及"动员群众"(比如"五四"运动中的北京大学平民教育讲演团),这两点已有的政治史及社会史著作多有涉及。但若将视野延伸到教育史、文学史及学术史,则"演说"的可能性大为增加。我更多关注且有所发明的,是演说如何"赞助白话""影响述学"以及"改良文风"。考虑到此前我已有相关论述,如《学问该如何表述——以〈章太炎的白话文〉为中心》(2002)、《学术讲演与白话文学——1922年的"风景"》(2003)、《"演说现场"的复原与阐释——"现代学者演说现场"丛书总序》(2006)、《有声的中国——"演说"与近现代中国文章变革》(2007)、《"文学"如何"教育"——关于"文学课堂"的追怀、重构与阐释》(2010)等,这里只须提要钩玄,有兴趣的朋友可自行查阅。

1　参见鲁迅《无声的中国》,《鲁迅全集》第四卷第11—15页,北京:人民文学出版社,1981年。

最早引起我关注的，是章太炎的东京讲学（1906—1910）以及创办《教育今语杂志》（1910）。此类以"浅显之语言"系统地"演述各种学术"的"讲学"，明显并非针对引车卖浆者流，有几点值得注意。首先，基本上是专题性质，与此前大儒之"坐而论道"不同，乃是在"哲学""文学"这样的学科意识中展开。其次，拟想读者并非不太识字的大众，而是对国学有兴趣的留学生或海外华侨。再次，每讲都包含若干专门知识，但又穿插社会批评。最后，不管是事先准备还是临场发挥，抑或书斋里一挥而就的"拟演讲稿"，此等文字刊载于报章，对于近代中国文章风格的衍变，都有潜移默化的影响。[1]

晚清以降，述学之文同样面临自我更新的使命。实现这一使命的，主要通过两个途径，一是严复、梁启超、王国维等新学之士所积极从事的输入新术语、新语法乃至新的文章体式，借以丰富汉语的表达能力。这一努力，符合百年中国"现代化进程"的大趋势，一直受到学界的重视。可还有一条蜿蜒曲折的小路，比如章太炎、梁启超、刘师培、蔡元培以及鲁迅、胡适等，面对新的读者趣味和时代要求，在系统讲授中国文化的过程中，提升了现代书面语的学术含量，为日后"白话"成为有效的述学工具，做出了独特的贡献。

回过头来，反省学界对五四白话文运动的论述，可以有几点修正：第一，《新青年》同人在提倡白话文时，确实多以明清章回

1　参见陈平原《学问该如何表述——以〈章太炎的白话文〉为中心》，初刊《现代中国》第二辑，武汉：湖北教育出版社，2002年；收入《触摸历史与进入五四》，北京：北京大学出版社，2005年。

小说为标本；日后讲授"国语文学"，也都追溯到《水浒传》等。可所有这些"溯源"，都指向"文艺文"（或曰"美文"），而不是同样值得关注的"学术文"。第二，白话文运动成功的标志，不仅仅是"国语的文学，文学的国语"；述学文章之采用白话，尤其是长篇议论文的进步，也是至关重要的一环。第三，晚清兴起、"五四"后蔚为大观的演说热潮，以及那些落在纸面上的"声音"，包括演讲的底稿、记录稿、整理稿，以及模拟演讲的文章，其对白话文运动和文章体式改进的积极影响，不容低估。第四，创造"有雅致的俗语文"，固然"以口语为基本，再加上欧化语，古文，方言等分子，杂糅调和"[1]；可这个"口语"，不限于日常生活语言，还应包括近乎"口头文章"的"演说"[2]。

　　就在白话文运动取得全面胜利、晚清与"五四"两代人学术交接的1922年，国学大师章太炎、梁启超，以及新文化主将胡适、周作人，基于各自不同的文化理想，分别在上海、南京、天津和北京登坛说法，讲授各自所擅长的专深学问。讲演者使用的是白话（即便章太炎这样的古文大师也不例外），若用渊雅高深的文言来记录、整理，必须经过一番伤筋动骨的改造，以至于经过"文言"这个模子出来的"讲演"，很可能尽失原先的风采与神韵。在表情达意方面，文言自有其长处，但不适合于记录现场感很强的"讲演"。回过头来，看看胡适之将"演说"与"国语文"直接挂钩——凡能演说者，没有不会做白话文的，因二者都

1　周作人：《〈燕知草〉跋》，《永日集》第179页，上海：北新书局，1929年。
2　参见陈平原《有声的中国——"演说"与近现代中国文章变革》，《文学评论》2007年第3期。

需要有条理有层次的思考与表达[1]——还是很有见地。至于学者的公开讲演，不管是赞成还是反对白话诗文，都是在用自己的学识与智慧，来协助完善白话的表达功能；换句话说，都是在"赞助白话文学"。假如此说成立，那么晚清以降蔚然成风的"讲演"，对于推广白话文，其实功莫大焉。白话能写"美文"，白话还能表达深邃的学理——只有到了这一步，白话文的成功方才无懈可击。[2]

晚清兴起的演说之风，确实有利于白话文的自我完善，以及"现代国语"的生产与成熟。除此之外，还将深刻影响中国的文章变革。若简而言之，可以这么描述"演说"的特点：表达口语化，故倾向于畅快淋漓；说理表演化，故追求语不惊人死不休；追求现场效果，故受制于听众的趣味与能力；蔑视理论体系，需要的是丰富的高等常识；忌讳"掉书袋"，故不能过于深奥，更不能佶屈聱牙。而所有这些，都将波及学界趣味以及文坛风气。"演说"一旦入文，酿成了现代中国文章的两大趋势，一是条理日渐清晰，二是情绪趋于极端。原先以典雅渊深著称的文章，如今变得直白、浅俗，"卑之无甚高论"；演说之影响文章，则可能使得表述趋于夸张，或尖刻，或奇崛，甚至剑走偏锋。[3]

晚清以降，书院改学堂，学校里的教学活动，不再以学生自

1　参见胡适《中学国文的教授》，《胡适文存》卷一第311页，上海：亚东图书馆，1921年。

2　参见陈平原《学术讲演与白话文学——1922年的"风景"》，初刊《现代中国》第三辑，武汉：湖北教育出版社，2003年，收入《现代中国的述学文体》。

3　参见陈平原《有声的中国——"演说"与近现代中国文章变革》。

修，而是以课堂讲授为中心。这么一来，所有的大学教授，多少都得学会"演说"——不管是在课堂上，还是校园以外。[1] 现代中国文人学者中，有不太擅长演说，主要以著述面对读者的[2]；但更多的是兼及声音与文字，如康有为、蔡元培、章太炎、梁启超、刘师培、鲁迅、周作人、胡适、陶行知、梁漱溟、朱自清、闻一多等，都有不少精彩的"演说"传世。至于学堂开设演说课程以及组织雄辩社等，更是使得学生日后走上社会，在群众场合即席演讲时，可以做到得心应手、挥洒自如。[3] 因此，谈论晚清以降的文人学者，专门著述固然重要，那些随风飘逝或因各种因缘残留在纸面上的"演说"，同样值得我们关注。

如果说在此前的论著中，我主要完成了演说对于现代中国白话、文体及述学的巨大影响，那么本书主要从图像呈现（第二章"晚清画报中的声音"）、技术储备（第三章"现代中国的演说及演说学"）、政治及美学（第四章"声音的政治与美学——现代中国演说家的理论与实践"）、现实需求（第五章"徘徊在口语与书面语之间——工作报告、专题演讲及典礼致辞"）等角度，讨论演说的传播、训练及功用。因为，在我看来，演说既是一种文体，也是一种社会实践，充满各种变异与可能性；既受限于特定情境，

1　参见陈平原《"文学"如何"教育"——关于"文学课堂"的追怀、重构与阐释》，初刊（香港）《中国文学学报》创刊号，香港：香港中文大学出版社，2010年；收入《作为学科的文学史——文学教育的方法、途径及境界》，北京：北京大学出版社，2016年。

2　如柳亚子在晚清文坛很活跃，但因口吃，极少演说；严复、王国维学问很好，也偶有讲稿传世，但远不及文章精彩。

3　参见陈平原《作为演说家的闻一多》，《文汇报·文汇学人》2019年11月22日。

又可以借助文字、图像与录音等超越时空，只有动静结合，综合把握与论述，才能得到比较完美的呈现。

　　作为一种技术/文化，演说本身并不透明与自足，而是严重受限于外在的政治思潮及社会氛围，"说"什么，以及如何"演"，与大的时代背景密切相关。比如，晚清的文化启蒙，"五四"的政治抗争、二十世纪三四十年代的战争动员、五六十年代的思想教育、"文革"期间的大批判运动、八十年代的思想解放、九十年代以后的政治宣传与学术普及，以及新世纪的文化传播等，即便"即兴演说"，每个时代都有自己特别青睐的主题，以及特殊的表达方式。当然，也都有身不由己的内外限制——包括立场、姿态以及声调。

　　在这个意义上，所谓演说的魅力及其可能性，乃一时代社会是否活跃、政治是否开明、学术是否繁荣的重要表征。

第二章　晚清画报中的声音

随着《左图右史与西学东渐——晚清画报研究》（生活·读书·新知三联书店，2018年）的出版并大获好评，我的晚清画报研究告一段落。不过，其中有一章，因牵涉我的另一个研究课题"演说与近现代中国"，当初没有将其纳入——那就是本章所要讨论的晚清画报中的"声音"。当初设计封面，选择那幅"隔江犹唱后庭花"，除了仕女画的视觉形象，还有尚待落实的歌声与乐声。

图2-1　生活·读书·新知三联书店，2018年

一、画/话说声音

谈及古已有之的"诗画一律"，无论西洋的"不语诗""能言画"，还是中国的"无声诗""有声画"，正如钱锺书先生指出的："'声'在这里不指音响，而指说话。"[1]可在具体论述时，这个"声"又往往只是虚晃一枪，着重点还是诗与画的共同性与特殊性。比如，音乐、戏曲、演说等便不在其论述范围内。若不仅考虑不同艺术形式间的对峙与转换，还将媒介差异纳入视野，比如语言之于诗歌、色彩之于绘画、声音之于音乐、泥土之于雕塑、钢材之于建筑等，那就更为复杂了。

这里只谈那些转瞬即逝的"声音"，是如何被现场以外乃至远隔千年的听众/读者所感知的。实际上，在录音录像设备出现之前，要想借助文字或图像来呈现声音，是勉为其难的。熟悉中国诗歌的读者，当然可以举出许多描写声音的名句，比如"大弦嘈嘈如急雨，小弦切切如私语。嘈嘈切切错杂弹，大珠小珠落玉盘"。只是所有这些描述，大都属于比喻，有赖读者调动自家的知识储备予以还原。相对于语言，图像呈现声音的能力就更弱了。固然喜怒哀乐可以形于外，画家也能捕捉并予以呈现；可起承转合、百转千回、余音绕梁，则非画笔所能驰骋。当然，借用典故或抄录诗文也是个办法，比如现藏北京故宫博物院的明代郭诩《琵琶行图》，画面下方描摹白居易与歌女邂逅，上面三分之二的篇幅草体书写《琵琶行》诗。而那幅拍卖价超过两亿港币的傅抱

1　钱锺书：《中国诗与中国画》，《七缀集》第6—7页，上海：上海古籍出版社，1994年。

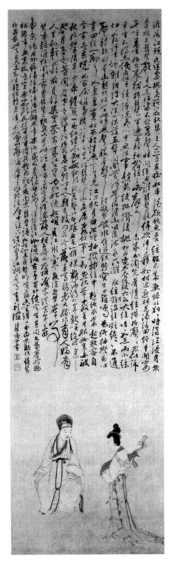

图2-2　明代郭诩《琵琶行图》
（现藏北京故宫博物院）

石创作于1945年的《琵琶行》，画面上并无题诗，只有官人、仕女与琵琶，可单是从题目中，中国读者也能清晰地听到"大珠小珠落玉盘"[1]。

以中国人对于唐人白居易长篇叙事诗《琵琶行》的熟悉程度，不管是如明人全诗照抄，还是像现代画家只是点题，画作中都很容易流淌着悠扬的乐声。《点石斋画报》中《琵琶高会》《琵琶雅集》等，明明讲的是当下的洋场故事，可意境全都指向那千年前的"浔阳江头"。至于众多娱乐场所，不管青楼卖唱

1　关于图像中的音乐，如汉画像、魏晋墓砖壁画、敦煌石窟以及宋元明清绘画中的乐器、舞蹈、戏曲表演等资料，已有大量研究著作问世，值得庆贺；至于是否高举音乐图像学大旗，在我看来那倒在其次。参见韩国鐄《音乐图像学的范围和意义》，《中国音乐学》1988年第4期；李荣有《音乐图像学的历史现状与未来发展刍议》，《中央音乐学院学报》2006年第1期；洛秦《音乐图像研究作为重写中国近现代音乐史的一个新视角》，张静蔚编注《〈良友〉画报图说乐·人·事》，上海：上海音乐出版社，2018年。

图2-3　傅抱石创作于1945年的
　　　　《琵琶行》

（《当场出丑》），还是西妓串场（《西妓弹词》）[1]，画面上都是琵琶
伴奏。青楼女子固然擅长、但并非只是弹琵琶，可落实在画面上，
其他乐器确实不如琵琶演奏那样"声情并茂"，原因在于背后有白
居易诗站台。

　　同样借助于文学作品，画作方才真正发出声音的，还有济南
鹊华桥畔的三弦以及说唱。《时事报馆戊申全年画报》（1908）有

1　《琵琶高会》《琵琶雅集》《当场出丑》《西妓弹词》，分别见《点石斋画报》寅九
　（1888年6月）、酉二（1890年7月）、礼六（1894年3月）、壬十二（1887年3月）。

图2-4　《琵琶雅集》（刊于1890年《点石斋画报》）

一幅《湖上女弹》，图中文字是：

> 济南省城鹊华桥畔，有戚氏女郎，挟三味弦，时来茶园评话，委婉可听，座客常满。近编《劝戒洋烟》一段鼓词，登台说法。其刻画吸烟受累情形，似嘲似劝，能使个中人闻而怀惭。末复正声规戒，示以后日希望。具此辩才，不难令顽石点头也。

此图很容易让人联想起刘鹗初刊1903年的《老残游记》，其中

图2-5 《湖上女弹》(刊于1908年《时事报馆戊申全年画报》)

"小玉说书"一段，因进入中学语文课本，对中国人来说，可谓家喻户晓。

《老残游记》第二回《历山山下古帝遗踪 明湖湖边美人绝调》有曰：

> 老残从鹊华桥往南，缓缓向小布政司街走去。一抬头，见那墙上贴了一张黄纸，有一尺长，七八寸宽的光景。居中写着"说鼓书"三个大字；旁边一行小字是"二十四日明湖居"。

明湖居始建于清同治十年（1871），是个大戏园子，前有戏

台，台下可以摆一百多张桌子，每张桌子可以坐六到八人，整个
茶园规模很大。创办这所戏园的人就是梨花大鼓的创始人武定
（今滨州）籍的郭大妮，其弟子黄大妮继承了她的事业。而小说中
的"白妮"，就是黄大妮的徒弟，也是她的姨表妹。小说中的"黑
妮"则是白妮的徒弟，也是她的干姊妹。济南的梨花大鼓，表演
时以三弦为主要伴奏乐器，这一点不少说唱艺术都相似。著名小
说史家阿英曾引凫道人《旧学庵笔记》（1916年木刻本）中《红
妆柳敬亭》则："光绪初年，历城有黑妞、白妞姐妹，能唱贾凫西
鼓儿词。尝奏技于明湖居，倾动一时，有红妆柳敬亭之目。"作
者还加了如下按语："白妞一名小玉，《老残游记》摹写其歌时之
状态，亦可谓曲尽其妙。然亦只能传其可传者耳。"正如阿英所
言，刘鹗与凫道人的描写"虽未免夸张，却足以证明王小玉的实
际存在"[1]。

　　有了《老残游记》的加持，我们阅读《湖上女弹》，当有更
贴切的感受。画报图写声音，虽不能曲尽其妙，但还是另有特色，
那就是强调这位"委婉可听，座客常满"的戚氏女，说唱的不是
古调，而是"《劝戒洋烟》一段鼓词"。如此登台，确实很有时代
气息。

　　不是所有画面都有诗文或小说可以互证的，但仔细倾听，还
是能隐约感受到图像中跳跃着的音符。《点石斋画报》中，广东连

1　参见阿英《从王小玉说到梨花大鼓》，《小说四谈》第173页，上海：上海古籍出
　　版社，1985年。另，中国艺术研究院曲艺研究所编的《说唱艺术简史》（文化艺术
　　出版社，1988年）讲述山东大鼓进入大城市以及梨花大鼓的历史时，均引《老残
　　游记》第二回为证。

图2-6　《西乐迎神》(刊于1886年《点石斋画报》)

州的瑶民结队到州署缴纳公粮，得到犒赏的白酒，于是在大堂上
饮酒、唱歌、跳舞（《酒犒山瑶》）；在沪广东商人重阳节到天后
宫迎神，竟然别出心裁，请了一队洋人吹奏洋乐，好不热闹（《西
乐迎神》）；英国某女子年仅九岁，抚弄竖琴时，乐声优雅，观者
听众摩肩接踵（《英京慧女》）；法国军乐队在西贡演奏乐曲，因
笙歌嘹亮，连附近鹿园所养的鹿都跑来侧耳倾听（《野鹿知音》）。
当然，更多的是游神赛会或戏曲演出的报道。这种情况下，舞台
好画，而乐声难传，一句"锣鼓喧天"（《歌舞升平》），或者"一

路鸣鸣作鬼叫"(《小鬼赛会》)[1]，就这么带过去了。准确地说，画报中诸多涉及戏剧、祭祀或说唱的新闻画，关注的是与演出相关的社会事件，比如演出赈灾、迎接达官、流氓作恶、舞台失火等，而不是表演艺术的高低。

　　画说"声音"而具有文化史意义的，还可以举出晚清开始的音乐教育以及留声机的引进。"外国中小学堂皆有唱歌音乐一门课程，本古人弦歌学道之意；惟中国雅乐久微，势难仿照。"按照1903年《奏定初等小学堂章程》的规定，若缺乏师资等，此课程也可改为"以读有益风化之古诗歌列入功课"[2]。1902年创刊的《启蒙画报》则不愿意如此苟且，《霓裳三叠》(合订本第三册)称："泰东西各国，从大学堂，到小学堂，功课中，都有音乐一门，唱些个军歌、修身歌。学堂弹唱，要是中国老学究看见，必定怒发冲冠，气坏了。不知道春诵夏弦，古是有的。"除了说理，作者还以王维自幼学音乐为证；而在《善通音律》(合订本第三册)中，更是直截了当地提倡学堂应开展音乐教育。[3]

　　唱片及留声机的问世，使得保留、复制、传播声音成为可能，这将深刻影响人们的日常生活及娱乐方式。1905年2月18日《时报》刊登"英大马路英商谋得利有限公司"的广告，推广"新式顶响唱戏机器，比戏台上唱更响，永远不坏"。1912年刊行的《时

1　《酒犒山瑶》《西乐迎神》《英京慧女》《野鹿知音》《歌舞升平》《小鬼赛会》，分别见《点石斋画报》未八(1890年1月)、辛九(1886年11月)、革九(1893年8月)、竹十(1892年9月)、未十(1890年2月)、礼九(1894年4月)。

2　《奏定初等小学堂章程》，舒新城编：《中国近代教育史资料》中册第424页，北京：人民教育出版社，1961年。

3　参见陈平原《左图右史与西学东渐——晚清画报研究》第236页。

图2-7　留声机广告
（刊于1912年《时报附刊之画报》）

报附刊之画报》上，则有一幅《世界进步——留声器授课》，画面上若干男子正手捧书本，聚精会神地跟着留声机念书。清末民初进入中国的各种"洋玩意"，如照相机、留声机、幻灯机、石印机等，对于传播新知、普及教育，确实起了很好的作用。但对于输入者来说，这首先是一桩生意。如此"世界进步"场景，若与另一幅广告相对应，你马上就会明白其真正的意图。那在画报中多次出现的"谋得利总公司，军营乐器、唱戏机器、大小洋琴，一应俱全"，主体部分是留声机；同样是谋得利总公司的广告，还有力推金秀山、德珺如合演《飞虎山》的，则明显是与留声机配套的唱片。[1]留声机之进入中国，对于戏曲的传播以及国语的推广，功莫大焉。不谈技术发明的经过，单是法国百代公司（创办于

1　参见陈平原《图像晚清——〈点石斋画报〉之外》第320—321页，北京：东方出版社，2014年。

图2-8 谋得利总公司唱片及乐器广告（刊于1912年《时报附刊之画报》）

1897年）以及英国谋得利公司（创办于1898年）之进军中国市场，在清末民初的上海、香港等城市留下深刻的文化及精神印记，便值得学界深入钩稽。[1]

至于民国以后的画报制作，画师基本消失，摄影家占主导地位，但图像中的音符依旧存在，甚至可以说更加清晰。若《良友画报》《北洋画报》中的音乐教育、民族音乐、歌舞与表演、乐器、乐队乃至音乐家等，便与晚清画报一脉相承。[2]

---

1 关于晚清上海唱片业的兴起，参见葛涛《声音记录下的社会变迁——20世纪初叶至1937年的上海唱片业》，《史林》2004年第6期；谋得利唱片公司光绪年间在香港的灌录活动，参见容世诚《粤韵留声——唱片工业与广东曲艺（1903—1953）》第41—49页，香港：天地图书公司，2006年。

2 参见张静蔚编注《〈良友〉画报图说乐·人·事》和《〈北洋画报〉图说乐·人·事》，上海：上海音乐学院出版社，2018年。

二、"戏园子"如何"进化"

　　戏台上每天都有演出，除非你想做广告，否则，要想得到画报的青睐，此演出必须是社会事件。《点石斋画报》多次提及戏剧舞台，但唯一可考的名演员是汪桂芬（1860—1906），而且谈论的不是其演技如何高超，而是因与妻子不和怒而剪发，引来戏班班主的责罚。[1]此后，有正面表彰的，如《星期画报》讲述青楼女子关心民生疾苦，为江北灾民募捐，"连登台演唱的，带不曾登台的，大约不下千人"，"统计两晚上的工夫，共筹得洋银三千多元，寄到江北去也"。[2]也有负面批评的，如1911年《醒华日报》上关于

图2-9　《花界热心》
（刊于1907年《星期画报》）

1　参见《发短心长》，《点石斋画报》戊十，1891年1月。
2　《花界热心》，《星期画报》第24期，丁未（1907）三月。

名伶元元红（魏联升）与某官绅爱妾海银桂私通而受罚的连续追
踪报道。这些都属于社会新闻，不是剧评，画报在褒贬抑扬之间，
凸显自家的立场与趣味。

　　真正从演技角度评论名伶的，当数上海环球社1909年8月至
1910年8月间发行的《图画日报》。使此画报在晚清报界扬名立万
的，是其各式各样的专栏，如"大陆之景物""上海之建筑""营业
写真""三十年来伶界之拿手戏"等。此名伶系列总共186幅图文，
既评人，也谈戏，每幅两三百字，颇有见地。《汪桂芬之子胥投
吴》不再关注汪的头发，而是其表演技巧。《汪笑侬之马嵬坡》称

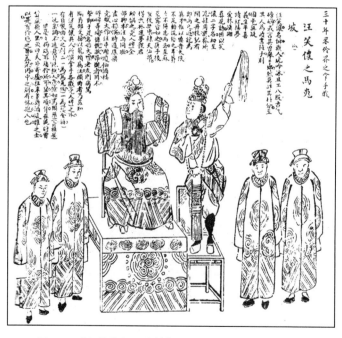

图2-10　《汪笑侬之马嵬坡》(刊于1910年《图画日报》)

康梁党狱大作，汪串谢琼仙酒楼碎碑等场，慷慨激昂，观者罔不"至其人为读书种子，则固无疑义"；因汪演《党人碑》，"时适击节，于是名始大噪"。晚清名伶汪笑侬（1858—1918），称得上是一代奇才，身为举人，竟无意功名，转而投身戏剧界。正因其"读书人"背景，除了艺术形式上有所创新，由他创作、改编或演出的剧本也大多借古喻今，抒发情怀。《图画日报》此一图文，可与相关戏剧史料相印证。与此类似的还有《夏月珊之黑籍冤魂》以及《七盏灯之新茶花》[1]，谈论的都是晚清盛极一时的文明戏演出。

　　受梁启超等改良群治论述的影响，晚清画报谈及戏曲或说唱，特别强调思想立场，尤其主张破除迷信、文明开化。1906年《赏奇画报》第十二期《借筹学费演戏》讲述番禺县属黄大仙祠以筹集学费为名演戏："摊艇、花艇、烟艇、差艇，及茶寮、酒棚，鳞次栉比，异常庆闹。"后面的"记者曰"对此热闹场景持批判立场："民智未尽开通，神权犹得而迷信之，独一大仙祠也哉？"可时过境迁，不再纠缠于"破除迷信"，作为风俗画面，此图很容易让人联想到鲁迅的短篇小说《社戏》："最惹眼的是屹立在庄外临河的空地上的一座戏台，模胡在远处的月夜中，和空间几乎分不出界限，我疑心画上见过的仙境，就在这里出现了。"[2]

　　天津人特别喜欢唱戏与听戏，可办在天津的《人镜画报》

<hr>

1　参见《汪桂芬之子胥投吴》《汪笑侬之马嵬坡》《夏月珊之黑籍冤魂》《七盏灯之新茶花》，分别见《图画日报》第五册第476页、第七册第224页、第八册第546页、第八册第570页，上海：上海古籍出版社，1999年。

2　参见陈平原《图像晚清——〈点石斋画报〉之外》第73—75页。

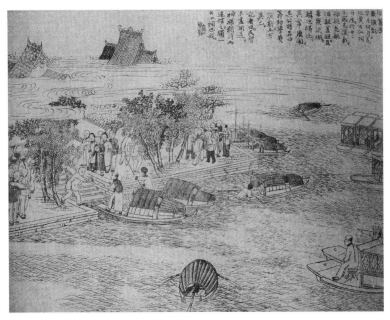

图2-11　《借筹学费演戏》(刊于1906年《赏奇画报》)

（1907）却对"捧戏子"持严厉批判立场。如《看戏报的人多》一则，描述"津埠戏园林立，每巷口粘一戏报，则围观者如堵"，感叹大家若能把看戏报的时间用来读报纸，"何患社会不进化耶"！晚清的新学之士，或因崇尚西方文化，或因关心家国兴亡，对"旧戏"大都没有好感。即便不像《安徽俗话报》上三爱（陈独秀）的《论戏曲》（1904）那么激进，《人镜画报》对待"看戏"这一社会行为的态度，也还是相当峻急，这与日后同样创办于天津的《北洋画报》之热衷于制造或传播"娱乐明星"大相径庭。《人镜画报》谈论戏剧，若是剧场演出，除了"丑恶淫声，不堪闻见"，故"知危之士，杞忧甚切"（参见《是非场》《有关风化》

《二老文明》《学生因戏被革》）；至于演戏娱神，更属迷信恶俗，
"男女混杂，随路戏谑，伤风败俗，莫此为甚"（参见《演戏赛神》
《弊俗宜革》）。什么情况下演出是可以接受的？那就是像天津丹桂
茶园演戏，所入票价全数帮助赈灾。"演戏数出后，由大公报馆社
长英敛之君登台演说筹款助赈大意"（《演戏助赈》）。[1]与此立场相
近的，还有同样办于天津的《醒俗画报》《醒华日报》。

　　1906年的《北京画报》曾刊出一幅《戏园子进化》，报道广德
楼玉成班主田际云开演《惠兴女士传》："是日特约请彭君翼仲、王

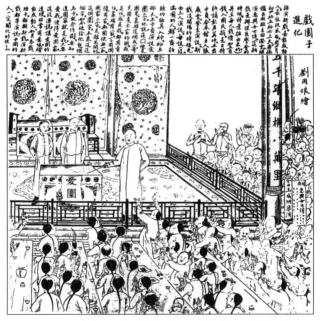

图2-12　《戏园子进化》(刊于1906年《北京画报》)

1　均见1907年7月创办于天津、仅出刊24期的《人镜画报》。此画报1967年台湾的中国
　　资料研究中心曾影印发行，故国外著名大学的汉学系或东亚图书馆一般都有收藏。

君子贞，合本馆主人张展云，登台演说。新戏没开场的时候，先由三人演说。每说一段，满园的人，都一齐拍手。并且鸦雀无声，听的极其入神。……如果各班戏子，都排新戏，演新戏都带演说，中国的人，一定开化的快了。"[1]这里不说晚清文明戏之独创"言论小生"，以及戏前演说如何兴起，就谈是日登台的主角与三位演讲者。艺名响九霄（一作想九霄）的田际云（1864—1925），除了擅演花旦，更是晚清戏曲改良著名人物，学界多有论及。[2]至于彭、王、张三君，今日早被世人遗忘；可在晚清北京，却都是大名鼎鼎的人物。彭翼仲（1864—1921），名诒孙，江苏苏州人，长期居住在北京，先后创办《启蒙画报》《京话日报》与《中华报》，后因言获罪，发配新疆，据说离京时市民送行者数千，赠送程仪无算。[3]王子贞，生卒年不详，在西单北大街开设尚友照相馆，且出资成立了"尚友讲报处"，是《京话日报》《北京女报》及《正宗爱国报》等报刊的热心支持者与撰稿人。张展云除主持《北京画报》外，此前一年，还在同一地址创办了北方地区最重要的妇女日报《北京女报》。后者"以提倡女学妇德为宗旨"，据说颇获慈禧太后青睐，编辑乃张展云母亲张筠芗女士。[4]

1　《戏园子进化》，《北京画报》第3期，光绪三十二年（1906）四月下旬。

2　参见夏晓虹《旧戏台上的文明戏——田际云与北京"妇女匡学会"》，《现代中国》第五辑，武汉：湖北教育出版社，2004年；桑兵《天地人生大舞台——京剧名伶田际云与清季的维新革命》，《学术月刊》2006年第5期。

3　参见彭翼仲自述、诚厚庵记录《彭翼仲五十年历史（上编）》，姜纬堂等编《维新志士爱国报人彭翼仲》，大连：大连出版社，1996年；梁漱溟《记彭翼仲先生——清末爱国维新运动一个极有力人物》，《忆往谈旧录》，北京：中国文史出版社，1987年。

4　参见陈平原《图像晚清——〈点石斋画报〉之外》第77—78页。

为什么非要在"新戏没开场的时候"来一段政治演说呢？因在时人看来，"演说"乃文明开化的象征。而这个神话，还得从梁启超的《新中国未来记》说起。光绪二十八年（1902），梁启超借政治小说《新中国未来记》驰骋想象：六十年后，中国人在南京举行维新五十周年庆典，而上海则"处处有演说坛，日日开讲论会"。博览会场中间最大的讲座，公推博士三十余人分类演讲中国政治史、哲学史、宗教史、财政史、风俗史、文学史等，其中又以全国教育会会长孔觉民老先生演讲的"中国近六十年史"最为精彩。[1]此后，"演说"成了"新学"的象征乃至标配，在日常生活中迅速展开，也在晚清报刊及小说诗文中频频亮相。

作为一种宣传方式的"演说"之所以在晚清被广泛接纳，因其可新可旧、亦新亦旧。1909年的《燕都时事画报》第54号上，有一幅《热心社会》，乃编辑来寿臣所作：

> 西城小市路东大院有位热心志士宗室祺君贺岩，新近在该处创办一处宣讲所。每日下午六点钟起至十点钟止，有热心诸君在该处宣讲《圣谕广训》以及各种报纸，并有妇女听讲，均都分座，很有次序。如有热心宣讲的诸君，不时的前去尽尽义务吧。

此图画面上有一牌子，写着"祺君贺岩演说"。这里的"宗室"，不见得真的是登记在案的皇族，更不一定大富大贵，应该是"根

1　参见饮冰室主人《新中国未来记》第一回，《新小说》第1号，1902年11月。

图2-13 《热心社会》(刊于1909年
　　　　《燕都时事画报》)

正苗红"的意思。关键在于，此宣讲所演说的内容，包含"《圣谕
广训》以及各种报纸"。而这并非特例，1910年的（新）《开通画
报》上，有一幅《困龙也有上天时》，讲的是晚清北京报纸时常提
及的醉郭先生，他"为人极其耿直，孤介不群，在北京各街巷宣
讲《圣谕广训》，与世道人心不为无功"。以往备受嘲讽，如今时
代变化了，竟被天津某志士聘为宣讲员。而1905年8月14日《大公
报》上有一则《醉郭讲报》:

　　　　日前有某君赴护国寺闲游，在护国寺内见一醉翁专对
人演讲爱国道理。该醉翁身着一领衣，前后各嵌圆形白

布一块，前书"讲报人醉郭"，后书"不是洋报，爱国保
种"，听其演说者约有一二百人。

这位醉郭（郭瑞，号云五）时常扶醉行歌于市，一开始是讲
《圣谕广训》的，庚子事变后说唱拳匪闯祸，1905年《京话日报》
创刊后又开始沿街讲报。此前，清廷要求各地官员每半月一次集
会宣讲《圣谕广训》，仪式感很强，是重要的思想控制手段。据史
学家周振鹤称："到同治、光绪年间，这一制度继续推行且有所发
展，不但是用明白的官话，甚至还用当地的方言俗语来讲解，努
力使听众明白'万岁爷的意思，做得安分的老百姓'"，而《点石
斋画报》中就有两幅描述光绪年间宣讲圣谕的画面。[1]

宣讲"圣谕"是旧瓶，演说"报纸"则属于新酒。流风所及，
晚清志士凡有集会必演说，而演说者若想抓住听众，必定趋新骛
奇。而与时俱进的结果，恰好是使老百姓变得日益"不安分"。画
报中常见这样的报道，某时某处某人登台演说，"众人皆鼓掌称
善"，可谓"极尽一时之盛"。一般只需某君演说，最多加上题目
或主旨，这样就足够新潮了；至于演说的具体内容及技巧，极少
会被提及。像1908年《星期画报》第59期上的《青年开会》，点出
"登台演说的是中国少年子弟与立宪时代关系重大的意思，到会的
青年诸君，听着都有些感情，这才是中国自强的基础呢"，这已经
很不容易了，因毕竟画面空间有限。

1　参见周振鹤撰集《圣谕广训：集解与研究》第583页，上海：上海书店出版社，
　2006年。

图2-14 《青年开会》（刊于1908年《星期画报》）

　　要说"演出"的功能及意义被神化，最典型的，莫过于《平民画报》第三册上的《焚攻督署》。此图刊行于武昌起义前两个多月，可见那时的广州人思想何等叛逆与活跃。潘达微所作《焚攻督署》，图像之外，配有两段简要文字，不说议论及抒怀，就讲那叙事部分：

　　　　三月廿九晚五点钟，革党猝起。有一坐肩舆，率众直攻督署。署门卫兵，与相抗，不敌，随关左侧门，为党人炸弹轰开，遂直入。当入时，有一人身躯雄伟，而貌粗怪，手持两短枪，向大堂一路直轰，复投炸弹。其余一面目瘦削者，吹号筒，指挥党徒直入。至二堂相继演说，略发挥

图2-15　《焚攻督署》
（刊于1911年《平民
画报》第三册）

种族主义，且言起事之由，词甚激昂慷慨。管带金振邦与
战，不敌，被轰死。卫队死伤亦众。革党搜至上房，不见
一人，遂纵火。督署延烧一夜，火犹未息。张督暨各家人，
事前灵警，先逃去，故不及于难。[1]

1911年4月27日下午5时30分，广州起义爆发，黄兴（1874—
1916）率领林觉民、方声洞等敢死队100余人攻打总督衙门。攻
进去后，发现总督张鸣岐已逃跑，于是放火烧了总督衙门。此
次起义虽然失败，但影响极为深远，以至于今天广州的黄花岗
七十二烈士墓成了国人缅怀辛亥革命先烈最为重要的场所。作为
这次起义的总指挥，黄兴身先士卒，但绝无可能在两军对垒的枪
林弹雨中发表慷慨激昂的演说。画面中间那位穿西服、挎军刀，
身体直立，右手高高举起（不像在开枪），与周围或倒或卧或弯

1　潘达微：《焚攻督署》（图及文），《平民画报》第三册，辛亥年闰六月十一日
　　（1911年8月5日）。

腰的战斗人员形成鲜明对比，大概就是所谓的"至二堂相继演说"
吧。作者的目的，是表彰这已被朝廷污名化的起义，强调"起事之
由"乃基于民族主义，理想十分远大。可千钧一发之际，演说声哪能
压得住枪炮声？如此有悖常理的驰想，足见时人对于演说的格外重视。

三、与学堂、报章结盟

作为传播文明的重要手段，晚清的演说，普遍与学堂、报章
结盟。但这不一定都是受梁启超"传播文明三利器"的影响。[1]因
为，在实际操作中，最诚心接纳或学习演说的，必定是学堂；而
演说之所以能留存下来且广为人知，靠的是报章。我在不止一篇
文章中提及，刊于1907年《益森画报》第五期的《厮役演说》，可

图2-16　《厮役演说》(刊于1907年《益森画报》)

1　参见梁启超《饮冰室自由书·传播文明三利器》，《饮冰室合集·专集之二》第41
　　页，上海：中华书局，1936年。

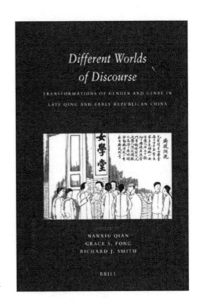

图2-17　Brill，2008年

作为晚清新学氛围的表征。位于京师西四牌楼毛家湾的振儒女学堂门口，"一女生仆人，年五十余，初十傍晚，在该堂门首对各家父兄及仆人演说'阅报之益'，津津有味，颇能动听"。记者感叹的是"演说不奇，出自厮役则奇"；我则惊讶于作者竟如此敏感，将同为新学象征的"读报"与"演说"，置于"女学堂"门前，彻底落实了梁启超"传播文明三利器"的设想。我撰《流动的风景与凝视的历史——晚清北京画报中的女学》一文，收入钱南秀等人主编的*Different Worlds of Discourse*（Leiden/Boston:Brill，2008）；那本英文书的封面图案，用的就是这幅《厮役演说》。

不妨以晚清画报所记载的"学堂里的演说"为主体，略为勾勒那些早就消逝在历史深处的"声音"。1897年12月6日，中西女士共122人出席了在张园安垲第举行的中西女学堂第四次筹备会

图2-18 《裙衩大会》(刊于1898年《点石斋画报》)

议。在风气未开的当年,此举的意义不言而喻;其得到后世研究
者的格外关注,也在预料之中。[1]同年12月9日至12日的《新闻报》
连载了《女学堂中西大会记》,第二年的1月13日《点石斋画报》
(利五)也刊出了《裙钗大会》。可在具体铺排上,日报与画报还
是有很大差异。《新闻报》开列了全部与会者名单,接下来从三点
钟入席开始记叙,先是李德夫人等来宾起立发言,继而西班牙领
事夫人等表示愿意捐款,华提调沈瑛(和卿)女史介绍章程,后

<hr />

1 参见夏晓虹《晚清女性与近代中国》第一章第二节"中西女士的盛大聚会"(第
9—17页),北京:北京大学出版社,2004年。

录彭寄云宜人《叙女学堂记》及蒋畹芳女史即席赋诗。"至此时词毕席散，中西女客各整归鞭，安垲第已火树银花，璀璨一室矣。"[1]而对于"我华二千年来绝无仅有之盛会"，《点石斋画报》的处理方式，明显迥异于《新闻报》。在122人的名单里，独独挑出一位"彭氏寄云女史"，而且强调的重点不是其学识与热情，而是其姹姆的身份，此举很能显示画报之投合市民趣味。更何况，作为集会的重头戏，诸多发言及演说，在这幅《裙钗大会》中统统被消音。

仅仅过了七八年，随着朝廷态度松动，各种有关女学的制度安排逐渐推出，晚清画报之报道女学，也开始变得积极起来。1906的《北京画报》上，刊出《女学传习所开学情形》，报道江亢虎所办的外城女学传习所：

> 外城女学传习所，是江亢虎君创办的，立在绳匠胡同。一切房屋，都是洋式，比别的女学堂，格外壮观。八月十三日开学那天，门口挂起国旗。十二点钟，考取的学生，陆续来到，一共一百三十几名。男女来宾，约有五百人，其中有端午帅、戴尚书、唐春卿侍郎、宝瑞臣阁学、刘仲鲁太常、孟绂臣参议，是日都登台演说，直到四点钟才散。[2]

同一件事，《星期画报》上也有一则《女学传习所开学》，其叙述

1　《女学堂中西大会记》，连载于1897年12月9日—12日的《新闻报》。
2　《女学传习所开学情形》，《北京画报》第15期，光绪三十二年（1906）八月下旬。

图2-19 《女学传习所开学》
（刊于1906年《星期画报》）

更为详细，尤其是增加了晚清重臣端方（1861—1911）的演说：

　　　　顺治门外绳匠胡同，女学传习所，房屋均改成西式，于八月十三日开学。是早，门口挂龙旗一对。十点钟，考取的女学生一百三十名，陆续到学。另外有男女来宾五百多人。两江总督端大人、礼部尚书戴大人、唐侍郎、宝阁学、刘太常、孟参议等人，皆在来宾之内。十二点钟，教习率领学生，到堂行礼毕。端大人首先登台，演说西洋女学的文明，属着美国第一。咱们中国皇太后，现在打算设一座高等女学。将来你们学生，在此毕业后，升入高等女学，作皇太后的学生，有多么体面呢。其次还有几位大老演说。最后江亢甫总办，也演说了一回。又把教习学生，合照像片一纸。到午后四点钟方散。[1]

　　设在城南绳匠胡同的外城女学传习所开校之日，前来庆贺的男女宾客竟有五百多，来宾中包括了前一年刚被清政府派往国外考察宪政的"五大臣"里的两位，即礼部尚书戴鸿慈与两江总督端方。端大人不枉出洋考察一场，居然能谈论"西洋女学的文明，属着美国第一"；至于皇太后打算设高等女学，也只有像他这样身份的要员，才能说得出来。晚清诸封疆大吏中，端方是最为热心女学的。《东方杂志》第二年（1905）第十一期的教育栏，有这样的报道："端午帅前于召见时力言女学为教育根本，亟宜提倡，以为各省之导。"约略半年后，《顺天时报》上刊出消息，称：

　　　　闻日前端、戴两大臣来有电奏，系陈明美国女学校之章程及一切内容，最为完善，中国女学亟宜仿行。两宫览奏，颇为欣悦。现已拨内币十万两，派肃邸之姊葆淑舫夫人先行组织师范女学一所。[2]

无法判断慈禧太后之同意兴女学，多大程度上是受端方的影响。但1906年在南京的总督署中办起模范女子小学堂，"叫夫人亲做监督"[3]，以及1909年接办难以为继的中城女学传习所，都证明端

1　《女学传习所开学》，《星期画报》第2期，光绪丙午年（1906）八月。
2　《拨币开办女学》，《顺天时报》光绪三十二年（1906）四月四日。
3　《督署兴学》，《中国女报》第1期，光绪三十二年十二月一日（1907年1月14日）。

图2-20 《小小的学生登台演说》
（刊于1906年《开通画报》）

方确实"素重中国女子教育"[1]；而且，其所作所为是以美国女学为榜样。[2]

　　晚清喜欢演说的，不仅是达官贵人，还有女仆乃至孩童。可与《益森画报》上那幅《厮役演说》相映成趣的，是《开通画报》上的《小小的学生登台演说》：三位十二三岁的小学生，平日里常在家中练习演说，因为"上有好者，下必有甚焉者矣"；到了九月初四晚上，这三位小学生竟登台演说，"先讲的是国民的国民捐，又讲的爱群，极有精神"[3]。而（新）《开通画报》第37号（1910年11

1　《端制军维持女学界》，《顺天时报》宣统元年（1909）十一月二十三日。

2　参见陈平原《左图右史与西学东渐——晚清画报研究》第317—319页。

3　《小小的学生登台演说》，《开通画报》第5期，光绪三十二（1906）年九月。

图2-21　《僧教育会开成立大会》
（刊于1908年《时事报馆戊申全年画报》）

月7日）上刊有通俗阅报宣讲所的《来函》，称本月十二日晚六点"特开第一次特别演说会"，注明"是日并有孩童演说"。如此以"孩童演说"吸引听众的做法，可见时人的趣味。

不仅女子、孩童，连方外之人也不甘落后。于是有了《时事报馆戊申全年画报》（1908）上的《僧教育会开成立大会》，讲述的是宁波成立僧教育会，士绅及学界到者一百余人，僧界到者二百余人，"会长敬安宣开幕辞"，而后进行各种演说。而《北京画报》（1906）上的《道士登台演说》，更显当年的风气：

佛道两门，向来不讲究作事。近年流品一杂，格外让人家看不起。谁知自从觉先和尚创立学堂，居然感动大家

图2-22 《道士登台演说》（刊于1906年《北京画报》）

热心，谁也不肯让谁。僧教既有人出头，道教也不肯落后。西便门外白云观，本是个阔庙，方丈高云溪，又很有名气。从今年春天，就立志在庙里开一处学堂。到了闰四月，居然办成。二十那天，行开学礼，高方丈自己还登台演说（比上台念经，胜强万万倍）。方外人都能如此，福贵场中的人，也该自己寻思寻思。[1]

敬安和尚（1851—1912）与高云溪方丈（1840—1907），都是清末全国佛道两教的领袖人物。至于"觉先和尚创立学堂"，当年《东方杂志》有过报道："南下洼龙泉寺僧觉先，前曾随同日僧赴东游历，及回京师有志兴学，愿将该寺公款提拨二万金，创办

普通学堂，禀由学务处批准开办。"[1]不过，晚清的庙产兴学，情况十分复杂，有寺庙自愿捐款得到官府表彰的，有很不情愿但为了保庙产而被迫兴学的，还有官府直接提拨庙产用以兴办学堂的。同样办学堂，有只收僧人的，有僧俗兼收的，也有办世俗学堂专收贫民子弟入学的。这里无暇仔细分辨，只想保留一点有趣的资料。

晚清之废科举开学堂，确实是翻天覆地的变化。身处此大时代，每个人都有自己的立场与苦衷。借五花八门的"学堂故事"，或女学传习所开学，或僧教育会成立，或小小的学生登台演说，呈现时代风气之变迁，是个很不错的论述策略。此外，还有些重要的教育界人物，也在通俗性的画报中留下了演说的身影。值得一提的有：《时事报馆戊申全年画报》（1908）之报道前修律大臣伍廷芳（1842—1922）参观天津法律学堂，并做了有关法律的专题演说（《伍大臣演说法律》）；《醒世画报》第51期（1910）提及学部侍郎严修（1860—1929）"乘坐马车赴西单牌楼第二学区，调查夜班简易识字两课后，又在宣讲台上座谈许久才回宅去"（《侍郎注重学务》）；《醒华日报》（1910）称"天津失城十周年"纪念会上，"首奏乐开会，由张伯苓君演说开会之宗旨"，中间很多人登场演说，"末由会长张伯苓君致辞"。尤其是最后一位，创办私立南开中学（1904年起）、南开大学（1919年起）的张伯苓（1876—1951），其特别喜欢且擅长演说，关于这一点，除了当年报刊上的

---

1 《各省教育汇志》，《东方杂志》第2卷第3期，1905年3月。

图2-23　《伍大臣演说法律》（刊于1908年《时事报馆戊申全年画报》）

记载，还有众多老学生的精彩回忆。[1]

　　画报上的演说，因篇幅及读者趣味的限制，一般都是点到为止。若《星期画报》的报道慧仙女士立遗嘱捐产兴学，1907年3月9日的开学典礼上，受委托人"诚裕如君登台演说，讲女界的平权自由，宗旨正大，用在中国，句句可行"，此图最后是"诚君演说，附录下页"。这是个好主意，可惜晚清画报中采用此变通办法的不多。[2]实际上，晚清报刊并不缺乏长篇演说，只

1　参见吴大猷《十年的"南开"生活》，《国立南开大学》，台北：南京出版社有限
　　公司，1981年；黄钰生《早期的南开中学》，申泮文主编《黄钰生同志纪念集》，
　　天津：南开大学出版社，1991年。

2　《女教起点》，《星期画报》第23期，光绪丁未年（1907）三月。

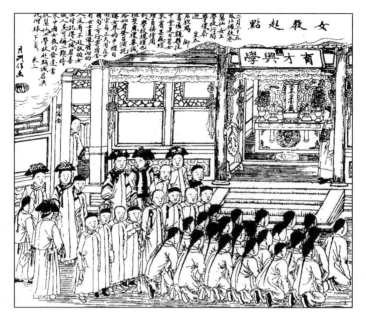

图2-24　《女教起点》（刊于1907年《星期画报》）

是并非刊登在以图像叙事为主的画报上。讨论演说之"开启民
智"、演说的诸面相、演说与学堂之关系、演说如何影响文章及
著述风格，需要在更广阔的天地中展开[1]，限于题目，这里只好就
此打住。

1　参见陈平原《有声的中国——"演说"与近现代中国文章变革》，《文学评论》
　　2007年第3期。

第三章 现代中国的演说及演说学

演说在晚清的兴起，绝对是一件大事。1899年，梁启超接受日人犬养毅的建议，将学校、报纸、演说定义为"传播文明三利器"；而且，基于对中国教育现状的了解，梁启超认定中国"国民识字少者，当利用演说"[1]。此后，整个20世纪中国，无论哪个政党、派别或个人，只要想进行有效的思想启蒙或社会动员，都离不开"演说"这一利器。

那些广场上的演说，以及落在纸面上的"声音"（包括演讲的底稿、记录稿、整理稿，以及模拟演讲的文章），不仅仅是政治、社会、学术、文化活动，也对白话文运动和文章体式改进产生积极影响。问题在于，公众场合的演说，并非照搬家常聊天或友朋对话，而是包含某种特殊技巧，而这需要专门训练。

1904年9月发行的《白话》杂志第一期上，刊有秋瑾的《演说的好处》，谈及为何成立演说练习会："我国把演说看得很轻，以为口里说说，有什么大不了，何必是要去练习他；到了演说的地方，

1　梁启超：《饮冰室自由书·传播文明三利器》，《饮冰室合集·专集之二》，上海：中华书局，1936年。

当作家常话，随便说说，无关正事，不足动人，这还可以算得演说么？然却怪不得，都因为从前不曾练习的缘故。"[1]与此相对应的是，1905年《新小说》上刊出周桂笙《演说》一文，对演说家提出很高的道德及技术要求："然在西国演说极难，非有新理想，新学术，必不足以餍听者之望。而其民之智识，又大都在普通以上，不若说书之可以随意欺人也。故演说之人，平日既有习练，临时尤有预备，而不敢轻于发言。"[2]

以有无"新理想"与"新学术"来衡量演说，这标准很高，需长期涵养，非一时三刻所能造就。但另一方面，演说包含某种表演成分，此等技术能力的习得，相对容易得多——晚清以降的"演说学"，基本上是在此层面上展开。

一、"演说学"之传入

"差不多与新世纪的曙光同步，各种新式学堂里，纷纷成立了演说会，开展演说方面的研究与训练。既有校长们的身体力行，也有学生们的自发组织，各方合力的结果，终于使得校园内外的演说水准，得以迅速提升。"[3]演说在大学校园的蓬勃展开，我在《有声的中国——"演说"与近现代中国文章变革》中有专门论述，

1　秋瑾：《演说的好处》，《秋瑾集》第3页，上海：上海古籍出版社，1979年。

2　上海知新室主人：《知新室新译丛·演说》，《新小说》第20号（第二年第八号），1905年9月。此文收入1914年8月上海古今图书局版《新庵译屑》时有不小的改动，这里选用初刊本。

3　陈平原：《有声的中国——"演说"与近现代中国文章变革》，《文学评论》2007年第3期。

这里转而关注社会上各种演说训练——尤其是演说学书籍的刊行。

演说可以训练，训练需要教材，此等培养演说能力的书籍及课程，与其叫作"学"，不如称为"术"，只是照顾当年的习惯，不强做分辨。[1]这里着重考察，到底是哪些演说学著作影响了晚清以降的演说风气。黄炎培提及蔡元培教南洋公学特班生演说时，曾"示以日文演说学数种令参阅"，但没说是哪几种。[2]倒是蔡元培任主笔的《警钟日报》，1904年曾连续刊登广告，推荐钟观诰译日人冈野英太郎的《演说学》："惟书中图画精致，绘声绘色，于学演说者俾〔裨〕益不鲜。"[3]考虑到留日学生乃晚清鼓动及实践"演说"的主要力量，不妨就从这个地方入手。

封面署"米国演说学博士冈野英太郎著"的《演说学》，明治三十三年（1900）由东京三省堂刊行，除序言及目录，共178页；第133页后乃五篇作为参考资料的欧美演说。所谓"演说学"，包含学理与技术，但说实话，关键在技术，比如怎样处理声音与姿态。"声音的练习"比较抽象，而"姿态的练习"可落实到头/脸、眼睛、手腕、身体、脚步等，相对更好操作。[4]对于晚清读书人来

1　童益临、高师左编《演说学讲义》（关东印书馆，光绪三十三年）之《发凡》称："且演说学者，固一种之技术也。谓之技术又安得以学名？"论证过演说如何重要，以及何以成为一学科，而后作者断言："谓之演说学而不曰演说术也，固宜。"

2　参见黄炎培《吾师蔡孑民先生哀悼辞》，陈平原、郑勇编《追忆蔡元培》第115页，北京：中国广播电视出版社，1997年。

3　见1904年4月20至22日《警钟日报》。另外，同年4月25日，《警钟日报》又刊出了六折优惠的"《演说学》折价券"，称："开通社会风气，以演说之力为最大，是书图说详明，颇便学者。"

4　参见〔日〕冈野英太郎《演说学》第22—23、29—38页，东京：三省堂，明治三十三年（1900）。

图3-1　东京：三省堂，明治　　　　图3-2　国光书局，1927年第三版
三十三年（1900）

说，此书最让人喜爱的，不是那些堂而皇之的大道理，而是"绘
声绘色"的"姿态应用图解"。

　　目前未见钟观诰译《演说学》的晚清刊本，我找到广州文明
书局1923版、上海国光书局1925年第二版及1927年第三版，都是
82页的小册子。[1]书中关于演说起源及其如何在欧美世界盛行的描
述，日后被各种演说书籍袭用：

　　　　演说者实一技术也，一学科也，导源于希腊罗马之古
　　　代，流溉于欧米诸邦。……谓演说为一学科，而欢迎于社

1　冈野英太郎此书另有王蕃青、贾树模译本（直隶教育图书局，1912年），内容包
　括演说学原始、演说法、演说之三大派别、演说之解剖等，共100页。

图3-3　日文本及中译本《演说学》插图

会上，则自米国创行之。以彼自由之政治，故言论自由之学，在并世中为沃野美田。然则言论之自由，足以促演说学之发达。今也米国自小学至大学，殆无不设演说学科。呜呼可谓盛矣！ [1]

将五六十页作为参考资料的欧美演说改成孙中山等文[2]，这么处

1　〔日〕冈野英太郎：《演说学》第6页，钟观诰译，上海：国光书局，1927年6月第三版。

2　包括《孙大总统在教育会对学界大演讲》《孙大总统在教育会演讲政治教育演说词》《孙大总统在香港大学堂演说词》《孙大元帅在财政厅公宴各界演说词》《汪精卫先生就教育会会长演说词》《汪精卫先生演说词：教育家对于民国之责任》《韦悫博士演说词：西洋学术发展之经过》《杜威博士第一次演说词：动作道德重要原因》《杜威博士第二次演说词：在省教育会演讲》等。

图3-4　上海集成图书公司，1910年

理没有问题。此译本的缺憾在于，译者虽认同"思想以外有二要，即美其声音与其相应之姿势是也"，也明白"姿势何谓者？就身体之活动及位置，以发现向［内］部之思想于外部也"[1]，可还是将"姿势应用图解"从90页删减为8页[2]。比起演说规则12条、演说要诀16则等文字，各种手势与脚步的图解，对学习演说其实更有用，译者本不该如此狠心。

相对来说，上海集成图书公司1910年出版的日本加藤咄堂述，吕策译，王家襄、张镜寰校《雄辩法》，显得更为专业。加藤咄堂（1870—1949）本名熊一郎，被尊为社会教化之功臣，曾任教多所大学，有众多佛教著作传世。该书共八章：雄辩法之目的、雄辩法之基础、思想之整顿、演说之构成、话材之选择、演说之

1　〔日〕冈野英太郎：《演说学》第5、16页，钟观诰译。

2　参见〔日〕冈野英太郎《演说学》第41—131页；中文译本，21—27页，钟观诰译。

准备、声音之表情、态度之心得等，加补遗"雄辩杂谈"，共150页。第四章"演说之构成"，讨论的是收束法、鹤膝法、翻转、抑扬、顿挫、伏案、照应、对句、双关、反复等修辞手法，其中最有意思的是"拔古之法"："又须熟读古人文章及演说，加以练耳之功，以资观摩之益"，举的例子是如何将欧阳修的《朋党论》改作演说体："以文章改成演说体，笔势不免稍钝，然演说构成之大体，可由此悟矣。"[1]第八章"态度之心得"讨论一个有趣话题，即演说时为何必须站立，因其兼及心态与身体。[2]至于引佛有四辩八音，来说明雄辩之价值，如"辞无碍辩"，即言语之富赡；"乐说无碍辩"，即说有趣味之事；"具此八音，则理想之雄辩得之矣"[3]，在表达作者宗教立场的同时，提醒我们注意演说的本土资源。

若做历史溯源，无论日本还是中国，都能找到若干"演说"的先祖；可明治时代的演说热潮，又确实是西学东渐的产物。《明治演说史》称从公元前三四百年开始，古希腊的哲学家之间就盛行演说之风，从那以后，修辞学、雄辩术等逐渐形成；而"在我国，演讲这件事最开始出现应该是在明治七年之后"："日本的演说也是从西洋输入的speech的法则，与日本固有的讲义说教等的惯例相结合，成为演说而开始流行的。"[4]正因近代日本的演

1　参见〔日〕加藤咄堂述《雄辩法》第67、70—71页，吕策译，王家襄、张镜寰校，上海：上海集成图书公司，1910年。

2　"今论演说与谈话之异点，在于态度。前者起语，后者坐语。至坐而演说，起而谈话，在特别之场合，或有之矣。普通一般，演说则恒起，谈话则恒坐。惟讲义与说教，介于演说、谈话之间，时或坐而或起也。然此皆东洋之习惯，至今犹有沿用者。若西洋讲义与说教，仍以起立为普通式，盖此不特听者易见而易闻，即演说者之力，亦贯注身体全部，而使声音易于迸出。"（〔日〕加藤咄堂述：《雄辩法》第129—130页）

3　〔日〕加藤咄堂述：《雄辩法》，第145—147页，吕策译。

4　〔日〕宫本外骨：《明治演说史》第2—3页，东京：有限社，大正十五年（1926）。

图3-5　太平洋书店，1924年初版，1927年第三版

说是从西方学来的，晚清知识者（如梁启超）受日本人（如犬养毅）启发，将演说作为"传播文明三利器"之一，很快就直奔师傅的师傅那里去了。以下是我所见到的十种英美演说学著作的中译本：

（1）荷利阿克（W. A. Cornaby）:《演说与辩论》，高葆真译，上海：广学会，1914年。此书原名Public Speaking and Debate，中译本虽然只有35页，但麻雀虽小五脏俱全，包括演说之利益、辩述之真伪、演说之感动力、演说之计划、口才要诀、演说之方法、辩论之宗旨等。

（2）克契门（Ketcham）:《辩论术之实习与学理》，费培杰译，上海：商务印书馆，1921年。

（3）A. M. 刘易斯（A. M. Lewis）:《演说术》，殷凯编译，上海：太平洋书店，1924年初版、1926年再版、1927年三版。此乃64开本小册子，共92页，前68页谈论发端、善始、慎言、演说之

图3-6　中华新教育社，1929年初版，
1933年再版

终结、野外演讲、预备、辩论、街市讲演等，没有多少高见，后
面附高一涵的《辩论家应该熟读的两种名著》。此书的特点在于
强调"野外讲演是各种演说里面的很难一种"（第32页）：因街头
演说不同于教堂或课室可以慢慢预热，"他必定要把头十几句话着
力的说一说，由此，他的听众才会渐渐的加多。以后人数到齐了，
他就可以照常讲下去"（第55—56页）。

（4）卫南斯：《演讲学》，彭兆良译，上海：中华新教育社，
1929年初版、1933年再版。全书218页，节译自康奈尔大学教授
J.A.Winans1922年出版的《演讲学》，主张："演说最高的性质，演
说最大的秘密，是和听者融和贯通，而演说者乃是其间的艺术
家。"（第10页）译者在《序言》中感叹："演讲学在现时中国的重
要，可视为事理之所必然。但各书局所出版的关于演讲的书又何
其幼稚而敝陋呢？"此书属于编译，不时插入中国的例子，如苏

图3-7 商务印书馆，1930年初版，
1947年第四版

秦、张仪（第1页），还有鲁迅（第136页）等，同时删去很多外国人名及文章，以方便中国读者。

（5）郝理思特（R. D. T. Hollister）:《演说学》，刘奇编译，上海：商务印书馆，1930年初版、1947年四版。此书分"演说能力的培养""演说词的构造""演说的姿势及准备"等八章，据美国郝理思特（R.D.T. Hollister）的《演说学》编译而成。译者的"编译例言"称："关于理论上的陈述，悉照原文。其不甚适合国情的例证，已删去半数，而代以国内的题材。"此书属"新中学文库"，共447页，之所以显得部头大，因书后附录中外名人演说词20篇——外国6篇，中国14篇，其中胡适3篇，蔡元培、蒋梦麟、宋子文、孔祥熙、吴稚晖、蒋介石、何应钦等各1篇。

（6）何林华（Hollingworth）:《听众心理学》，张孟休编述，长沙：商务印书馆，1938年。

图3-8　正新出版社，1947年

　　（7）代尔·卡耐基（Dale Carnegie）:《演说术及在事业上影响他人》，李木、宋昆译，北平：文兴书局，1939年初版、1940年三版、1944年四版。此书及以下两种乃同一书籍的不同译本，此等"成功励志经典"，虽浅俗，至今仍有读者，前些年还有若干出版社在刊行。

　　（8）卡尼基:《演讲艺术》，蓬勃译，上海：激流书店，1940年。

　　（9）代尔·卡耐基:《演讲术》，李木译，上海：正新出版社，1949年。

　　（10）威克尔:《怎样演讲》，尹德华译，赣县：中华正气出版社，1942年初版、1943年三版、1944年四版。此书仅68页，分17章，谈的都是常识。

　　这十种中译英美演说学著作中，最有学术含量的，当数清华学校推出的《辩论术之实习与学理》，以及北大讲师编述的《听众心理学》。下面略为介绍此二书。前者据 V. A. Ketcham 所著 *The*

Theory and Practice of Argumentation and Debate（1914）翻译而成，只是替换若干例子，译文忠实且典雅。商务版《辩论术之实习与学理》属"时代丛书"，封面署"共学社，1921"。另有内容相同的1922—1928历年版，也就是说，此乃清华教材，在一段时间内每年都印。清华学校校长金邦正序称："学术思想之最后目的在求真理，而辩论术即是研求真理的种种方法之一。"另一篇序出自主事者梁启超之手，显然更为精彩。梁文称，在印度及欧洲，雄辩乃公共娱乐之一，而"吾国之文化，他事或不后人，而独于此何寂寂也？"从孔门言语一科算起，历代均有能言善道者，可就是不如印欧辩者"堂堂焉建大将旗鼓者"。梁启超连同魏晋清谈、宋明讲学一起批，进而追究原因："其为政者，则惟有所谓密勿启沃，端拱成化，其于舆人之诵，漠不关心，更无论矣。呜呼！我国之民众的政术学术艺术，所以阅千年不一见，而长滞于晻昧肤薄之域者，岂不以是耶？岂不以是耶？"梁文高屋建瓴，从政治体制角度，指责历代统治者之注重辅佐君王、扼杀民间舆论，是导致中国演说湮没、雄辩不兴的根本原因。

　　欧洲之行归来，梁启超希望在中外文化交流方面做些具体工作。1920年4月，梁与蒋百里、张君劢、张东荪等发起成立"培养新人才，宣传新文化，开拓新政治"的共学社，社会名流如蔡元培、张謇、张元济等也积极参与。共学社有四项主要事务——出版《改造》杂志、编译欧美新书、倡导图书馆事业、选派留学生。编译欧美新书交张元济主持的商务印书馆印行，其中就有此《辩论术之实习与学理》。该书第一编"辩论术之实习"包括以下章节：题目、题目分析、证据、编要略、编辩词、覆辩、演述辩

图3-9　商务印书馆，1921年

词；第二编"辩论术之学理"则有归纳论证、演绎论证、因果论
证、类比论证、谬误、驳论等。原作者在序言中称，着眼于实际
训练，故此书先实习，后学理。与此相对应，中译本附录了许多
"辩论的题目"，含社会类27则（如印刷出版应享绝对的自由，国
家应废除死刑，一夫多妻制应加禁止）、政治经济类28则（如中
国应采行联省自治制，中国应行普通选举，中国总统任期应加多
一年）、教育类52则（如全国国民学校教科书应由教育部规定一
致；中学校应加授辩论术及实地练习；北京大学地址应移到圆明
园；清华学校与其办成一个留美预备学校，不如办成一个完全大
学）等。[1]所有这些题目，都不是曲直对错黑白分明，而是可以展

1　参见〔美〕克契门（Ketcham）《辩论术之实习与学理》第406—415页，费培杰
　　译，上海：商务印书馆，1921年。

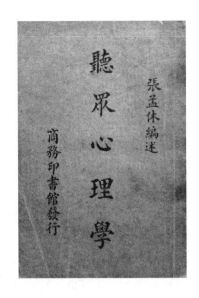

图3-10　商务印书馆，1938年

开充分辩论的。不管你选择正方还是反方，都必须认真倾听对方的意见。具体到如何立论与驳论，哪些技巧会被广泛运用，谁人在课堂及比赛中得胜，这些都在其次；关键在于此等训练可开阔学生视野，养成眼观六路、耳听八方的习惯。这是清华课业的特点，对青年学生的思维及表达影响至深，也是被梁启超寄予厚望的原因。

北大教育系讲师张孟休编述的《听众心理学》，依据的是何林华的近著 *The Psychology of the Audience*。全书十一章，外加一个附录，每章后面都开列好几种英文参考文献。此书讨论的焦点是："一个演说者要征服他的听众，应先从何处着手？"经由一番辨析，何林华认定，演说之征服听众，"与广告的任务很相似"："一张完全的广告，负有五项任务：（一）取得注意，（二）保持兴趣，（三）引起印象，（四）说服听众，（五）支配行为。"[1]于是，本书就此展开，讨论征服听众的五个步骤。最后一章"实用的结论"，更是提供了很具操作性的50条建议，不仅针对演说家，也包括舞台演出等所有需要"征服听众"的工作。

二、演说的定义与溯源

翻阅众多20世纪上半叶国人所编演说学著作，发现其中大量引用美国教授的"权威论述"；即便不是直接抄录，也能看出明显的借鉴痕迹。杂志上也有若干演说学方面的文章[2]，但比较零碎，且影响不大。还是以下18种论著（外加若干名人演讲集），更适合作为讨论现代中国演说学的基本资料：

（1）童益临、高师左编：《演说学讲义》，奉天：关东印书馆，光绪三十三年（1907）。

（2）袁泽民：《演说》，上海：商务印书馆，1917年。

（3）杨炳乾编：《演说学大纲》，上海：商务印书馆，1928年。

（4）余楠秋：《演说学ABC》，上海：世界书局，1928年。

（5）汪励吾：《实验演说学》，上海：人生书局，1928年。

1　参见〔美〕何林华（Hollingworth）《听众心理学》第7、10页，张孟休编述，长沙：商务印书馆，1938年。

2　如宋学连1909—1910年在《奋兴》及1916年在《兴华》上连载的《演说学》，杨杏佛、陈家鸿1920年在《南京高等师范日刊》发表的《演说学的研究和将来》，沈文杨1928年在《常识》刊发的《演说学略谈》，谷心依1928年在《国民新闻副刊》连载的《演说学其法术》，雷靖逆1931年在《智囊》上发表的《演说学纲要》，以及李振寰1932年在《民立学生》刊出的《演说学概论》等。

图3-11　关东印书馆，光绪三十三年（1907）

（6）李寓一编：《讲演法的研究》，上海：现代书局，1928年。

（7）徐松石：《演讲学大要》，上海：中华书局，1928年。

（8）张九如、周翥青合编：《小演说家》，上海：中华书局，1932年。[1]

（9）程湘帆编：《演讲学》，上海：商务印书馆，1933年。

（10）余楠秋编：《演说学概要》，上海：中华书局，1934年。

（11）韩蠡编著：《演讲术》，上海：大公报代办部，1936年。

（12）吕海澜编著：《通俗演讲》，上海：商务印书馆，1937年。

（13）顾绮仲：《怎样说话与演讲》，上海：纵横社，1940年。

（14）孟起：《怎样演讲》，重庆：生活书店，1940年。

（15）任毕明：《演讲术》，桂林：文化供应社，1941年。

1　此书仅84页，用讲故事的办法推介演说，体例新颖。其《编辑大意》称："本书用浅显活泼的文字，分章叙述赵文练习演说的事实，鼓励儿童练习演说的兴趣，增加儿童练习演说的方法。"

图3-12　文化供应社，1943年

（16）任毕明：《演讲术·雄辩术·谈话术》，桂林：自刊本，1941年初版；（增订）桂林：实学书局，1942年；1946年沪一版。

（17）尹德华：《演讲术例话》，桂林：文化供应社，1943年。

（18）孙起孟：《演讲初步》，上海/重庆：生活书店，1945年。

以上关于演说的书籍，多少都有些自己的特点；而那些陈陈相因的普及读物，这里一笔带过。[1]至于对话、朗诵以及口才训

---

[1]　如雷鸣远《救国演说会演说述略》（文明书局，1915年）、王德崇《国语演说辩论术概论》（平社出版部，1923年）、王德崇《国语演说辩论词作法》（平社出版部，1928年）、卢冠六/尹诵吉编《演说指导》（三民图书公司，1936/1947年）、陆殿扬/林天兰《怎样演说和辩论》（正中书局，1939年）、陈稣煜《怎样演说》（长城书局，1939年）、章衣萍《儿童演说四讲》（儿童书局，1940年）、宗焰《演讲与修养》（大方书局，1946年）、徐士铜《青年说话与演讲》（国光书店，1947年再版）、刘百川《小辩论家》（商务印书馆，1947年）。

练[1]，还有各种民间宗教手册等[2]，此处不论。

谈论现代中国的"演说"，首先须划定边界。福泽谕吉撰《劝学篇》，其中有一则《论提倡演说》，也像中国人那样，从"正名"入手："演说一语，英文叫作'Speech'，就是集合许多人讲话，即席把自己的思想传达给他们听的一种方法。"[3]在福泽看来，传统日本虽有寺院说法，但与西洋极为盛行的演说不是一回事。关键在于"养成当众发表意见的风气"，这点殊为不易。转移到中国语境，可以这么厘清：第一，公开地（而不是私下）谈论政治议题（而不是娱乐故事）；第二，面向公众发言（而不是献策或进谏）；第三，基于民间立场（不同于清代的宣讲《圣谕广训》）。

周桂笙在1905年的《新小说》上谈论"其状殆如吾国之说书"的"演说一道，最易动人"，特别提醒传统的"说书"与新起的"演说"之间存在巨大鸿沟："一则发表意见，就事论事，一则抱守陈腐，徒供笑谑，宗旨不同，智愚斯判。"[4]这里对说书的批评不太公允，但指出演说的内核是"发表意见"，无疑是准确的。只是演说者发表的"意见"，可牵涉军国大事，也可以是百姓的日常

1　黄仲苏《朗诵法》（开明书店，1936年）共18章，谈论发音机关、发音与呼吸、中国文字特性、四声与五声、双声与叠韵、语音与地域、腔调之构成、文法、音节、体裁、风格等，兼及中国文章的吟、诵、咏、讲，大量引述桐城文派观念，从刘大櫆、姚鼐一直讲到吴汝纶。钱基博撰《序》称："《朗诵法》者，当代之绝学，而吾友黄仲苏先生之所著也。"

2　如活跃在东北的万国道德总会印制有32页的《讲演常识》（信源印书馆，1935年）以及20页的《讲演常识》（1939年10月再版）。

3　〔日〕福泽谕吉：《劝学篇》第65页，群力译，北京：商务印书馆，1984年。

4　上海知新室主人：《知新室新译丛·演说》，《新小说》第20号（第二年八号），1905年9月。

图3-13　中华书局，1934年

生活。余楠秋《演说学概要》分演说的定义、范围、原素等九章，介绍演说的基本原则和若干常识，其中第一章："我们晓得，演说的工具是声调，姿态，与辞句；但是它的目的，是要把思想由演说者的口中输入听众的脑海里，使他们不期然而然的悦服和感动，即时表现他们的同情。"[1]随着诸多国外演说学著作的译介，国人所撰相关书籍，一是书后开列大量参考书目，二是正文中不断引经据典。如尹德华《演讲术例话》为"演说下定义"，便引康奈尔大学惠南士教授、演讲大师卡耐基，以及郝理思特、威克尔等著名学者的说法，论证"演讲是私人谈话的扩张和发展"、"演讲是一

---

[1]　余楠秋编：《演说学概要》第7页，上海：中华书局，1934年。此书从属"中华百科丛书"，书后附中外名人演说辞四篇及参考书目（含卫南士等七种英文演讲学著作），共131页。另据《自序》，作者1924年春曾出版英文演讲学专书。

图3-14　商务印书馆，1928年

种扩大和浓厚的谈话"、"演讲是说服听众的艺术"。[1]

　　本来只是一种表达意见、说服听众的技术手段，因崛起于晚清，被认定为启发民众、改良群治的重要工具，地位因而迅速提升。晚清启蒙思想家宋恕虽承认"今海外民主政体及君主立宪政体之国，演说皆极发达，而皆特有演说之学以造就演说之人材"，但反对社会上将"演说"视为舶来品，理由是，此乃"唐以前之常语"，并非日本新名词。[2]其实名词考辨不重要，关键是如何看待传统中国公开表达个人立场乃至政治见解的缺失。

　　杨炳乾1928年刊行《演说学大纲》，谈论为何演说在中国不成气候，将其归咎于："吾国思想，在秦以前，千流万绪，各家争

1　尹德华：《演讲术例话》第1—4页，桂林：文化供应社，1943年。
2　参见宋恕《创设宣讲传习所议》(1906)，《宋恕集》上册第415—416页，北京：中华书局，1993年。

鸣，辩疑析理，讲道论学，自不能不利其语言。……逮秦尚刑名，汉崇儒学，灭绝百家，而思想一；思想一，则竞辩不行；竞辩不行，则语言不进。"[1]如此说来，"演说之所以盛于泰西，而衰于中国者"，关键在政治制度，而不是人性或文化差异。所谓"二千年来之国教，几以缄默少文为主旨，讹缪递传，牢不可破"[2]，乃东方国家亟须打破的陋习。这点日本人加藤咄堂深有同感。[3]只不过经由明治维新，人家已经提前走了好几步，现在轮到中国急起直追。晚清之提倡演说，不仅仅是引进一种说话的技巧，更是呼唤政治改革的风气。因为，在时人看来，"演说者，民治之骄子，自由之宠儿。自由兴而演说学与之俱兴，自由灭而演说学与之俱灭"[4]。

原北大、辅仁教授缪金源（1898—1942）为刘奇译《演说学》作序，也有类似的看法："我们中国的历史上，自然也记载了许多人的说话。但他们只是'谈话'（conversation），不是'演说'（public speaking）；他们只是'说'，不是'公开的说'。战国时代也有纵横捭阖的游说家；六朝时代也有言论隽永的清谈家；但不曾产生出一个Cicero，一个Lincoln。"以西塞罗或林肯的标准来衡量，中国古代没有优秀的演说家。在缪金源看来，不是修辞能力，

1　杨炳乾编：《演说学大纲》第14页，上海：商务印书馆，1928年。

2　王家襄、张镜寰：《〈雄辩法〉序》，〔日〕加藤咄堂述：《雄辩法》，吕策译，王家襄、张镜寰校。

3　"东亚之国，向重文字而轻言语。……其主要之原因，尤为政治上问题。盖东方政治，素重君主独裁，亚里士多德所谓寡人政体也。国家对于人民，抱可使由不可使知主义；人民对于国家，守位卑言高之戒。凛君子思不出位之嫌，偶语者罪矣，腹诽者诛矣，毁谤者戮矣。言论自由既被缚束，势不得不退守沉默。"见〔日〕加藤咄堂述：《雄辩法》第4页，吕策译。

4　杨炳乾编：《演说学大纲》第13页。

而是以下四种因素决定的：第一，政治上的大一统；第二，学说上的"信言不美，美言不信"；第三，言文分离；第四，戏剧上歌剧不如话剧表达自然。[1]

　　承认"演说在中国文学史上不占一个部门"，但说"中国人素来只讲究谈话，不讲究演说；只长于和少数人交谈，不长于在大庭广众中演说，所以几千年来我们不曾产生一个伟大的演说家"[2]，总是让人感觉很没面子。于是有了变通的说法："演说学在中国历史上，总算是还有点成绩；不过国人没有把它深加研究，尽量的发挥，与文学一样的看待，所以时至今日，尚不得传。在昔春秋时代子产的雄才善辩，实足与美国之威伯司脱相抗衡；战国时代苏秦张仪的合纵连横，尽可与希腊之德谟西立司（Demosthenes）并驾齐驱。"[3]即便早先有过百家争鸣的无限风光，但谁都承认，近代中国不见其流风遗韵。

　　为何到了晚清，中国人可以且必须一改旧俗，向西方学习演说？除了已成潮流的西学东渐，再就是现实政治的需要。吕策称其翻译加藤咄堂的《雄辩法》，就因为："今秋，咨议局开幕，国人方试辩，而鲜雄于辩。予曰：辩其可无法邪？……西哲有言，天下多故，雄辩家出。然哉然哉。"[4]咨议局里的争辩，毕竟是小众；更重要的是，向广大民众宣讲正确的思想、学说与主张。从社会

1　缪金源此序除收入郝理思特著、刘奇编译《演说学》（商务印书馆，1930年），还以《刘译演说学序》为题，刊《北大学生》创刊号，1930年。

2　张越瑞：《〈现代名人演讲集〉导言》，张越瑞选辑：《现代名人演讲集》，上海：商务印书馆，1937年。

3　余楠秋：《〈演说学ABC〉自序》，《演说学ABC》，上海：世界书局，1928年。

4　吕策：《〈雄辩法〉译者序》，〔日〕加藤咄堂述：《雄辩法》，吕策译。

改良，到战争动员，再到思想启蒙以及学术普及，可供驰骋的天地极为广阔。而要说实际效果，最明显的，莫过于"五四运动"中各类群众演说所发挥的作用："直到近来'新文化运动'出现之后，才有些人对于这个上面发生兴趣，把它提倡起来，研究起来，社会上也渐渐觉得它的重要的地位了。'五四运动'的成功，一大部分归功于口头宣传的力量；新剧表演，也是演说学的变相。"[1]

1937年商务印书馆推出"社会教育小丛书"，其中有吕海澜编著的《通俗演讲》。这是本小册子，薄薄84页，讨论通俗演讲与民众教育、通俗演讲的分类、通俗演讲机关的组织、通俗演讲员、通俗演讲的计划及场所等，不涉及个人修养，关注的是组织运营。书中最有价值的是第一章"我国通俗演讲的沿革"（第1—19页），称中国"古代已有类似通俗演讲的事实"，比如从周代到清朝官府都得向民众宣讲政令；而晚清废科举开学堂，"对于利用演讲，启迪民智一点，尤为朝野所一致重视"[2]。在罗列了众多晚清提倡宣讲的资料后[3]，作者称：

民国成立以后，因为要宣传革命主义，政治主张，做除旧布新的工作，对于通俗演讲自更特别注意。民国元年一月三十日军政府致各省陷电通饬注重演讲，便可见其一

1　余楠秋：《〈演说学ABC〉自序》，《演说学ABC》。

2　吕海澜编著：《通俗演讲》第2页，上海：商务印书馆，1937年。

3　从宣统元年《教育杂志》一卷一期上陆尔奎《论普及教育宜先注重宣讲》，到湖南巡抚赵尔巽光绪二十九年颁行《宣讲章程》，再到张之洞光绪三十二年《酌拟教育会章程》奏折内包含筹设演讲所，再到学部光绪三十二年四月二十二日《奏定劝学所章程》内有关宣讲内容的限定。

斑。南北统一后，北京政府成立，蔡元培、范源濂先后长
教育部，部中特设社会教育司，规定通俗演讲为该司执掌
之一，对于通俗演讲提倡改进益见具体。北京夏期讲演会，
即由教育部主办。通俗演讲稿由教育部通电征集，此为当
时中央政府提倡民教，注重通俗演讲的一般情形。[1]

作者虽赞赏"五四"时期青年学生的忧国忧民以及借演说影响公
众[2]，但认定国民政府定都南京后，通俗教育需重整旗鼓，如"对于
演讲人员的甄选，演讲技术的训练，演讲方法的运用与改善，均极
注意"[3]。说白了，就是新时代的演说必须在政府掌控之内。因为，演
说很有力量，但那是把双刃剑，各政党各阶层各学派都可利用；至
于执政者是鼓励还是查禁演说，端看时代风云及当道襟怀。此书编者
系公务员，好处是提供了不少史料，缺点则是立场的保守与游移。

三、分类、技术与心态

目前所见国人最早的演说学著作，当属童益临、高师左编
《演说学讲义》（1907）。此书乃新旧交替时代官方政策的产物——
皇上为普及教育而设立"宣讲传习所"，而童、高二君乃宣讲所

1　吕海澜编著：《通俗演讲》第7—8页。
2　"乃群起举行露天演讲，唤起民众，反对政府签订巴黎和约，颇具伟大的力量，收获可贵的结果。此风一开，自后每逢政治上有重大事件发生或其他须普遍宣传的事情，总以露天演讲，为重要宣传方法之一。故五四运动在实质上指为我通俗演讲史上之一大变革亦不为过。"（吕海澜编著：《通俗演讲》第13页）
3　同上书，第13—19页。

教授，于是"诸生集录其演说为演说学讲义一卷"[1]。不算序言，全书共25页（双面），除"发凡"及"结论"，第一章"演说学之界说"（分辨演说学与教育学、论理学之关系），第二章"演说学之历史"（起源、成立、人物），第三章"演说学之分别"（公众辩论法、代表辩论法），第四章"演说学之法则"（声音、姿势、修词、台戒），第五章"演说学之参照"（问答、比喻、引证、反复等），第六章"演说学之利益"（个人、国家、对外之利益）。架子是搭起来了，可在具体论述时，作者明显缺乏现代演说学的知识及经验。关于"演说学乃政治自由之婴孩"，以及"演说学实成立于美利坚也"的论述[2]，源自上述冈野英太郎的《演说学》。同样关注声音与姿势，冈野不仅发议论[3]，还配有详细的演说姿势图解；而童益临、高师左编《演说学讲义》则尽讲大道理，且多不着边际的夸饰之词，对学习演说很少实际帮助。比如谈声音则分喜、怒、哀、惧、爱、恶、欲，而七情并举左右逢源，"至神而明之，则固存乎其人"[4]。还有更妙的："头、眼、手、足、身，此五者皆姿势之妙语，而缺一不可者也。"[5]这些都很对，可具体怎么练习，作者没说出个所以然来。这也正是晚清引进西方演说学的价值所在——我们缺的不是思想动员，而是技术指导。

---

1 刘乃晟:《〈演说学讲义〉序》，童益临、高师左编:《演说学讲义》，奉天:关东印书馆，光绪三十三年（1907）。

2 "演说学者，言论自由之学也。美利坚实为政治自由言论自由之国。言论自由，足以促演说学之发达；政治自由，足以促演说学之成立。"见童益临、高师左编《演说学讲义》第4页上。

3 冈野英太郎《〈演说学〉序言》:"言语之缓急抑扬，固然素为演说所必要，而演说如去掉肢体语言，无异于车缺一轮、鸟断一翼。"

4 参见童益临、高师左编《演说学讲义》第10页下至13页下。

5 童益临、高师左编:《演说学讲义》第16页上。

图3-15　商务印书馆，1917年初版，
　　　　1928年第十一版

　　十年后，商务印书馆推出袁泽民编《演说》，才算步入正轨。此书1917年2月初版，1928年1月已刊第十一版，都是98页，内容没变化，只是封面改了。作者袁泽民（1881—1927）乃留日学生，曾追随孙中山闹革命，故认定演说大有功用："上可以应援政府，指导政府，监督政府；下可以警醒社会，开通社会，改良社会。小可以结合志意之团体，大可以造就世界之舆论，利益之处，不可胜言。"[1]在作者看来，"演说学一科，与二十世纪所发明之各种科学，有莫大之关系"，故图示演说学包括——思想学、感情学、论理学、修辞学、文字学、语言学、声音学、动作学。[2]至于"演说

1　袁泽民：《〈演说〉自序》，《演说》，上海：商务印书馆，1917年。
2　参见袁泽民《演说》第4页。

之修辞法"，作者的描述过于烦琐。[1]谈及演说学之种类，则借鉴加藤咄堂的主智、主情、主意三分法，只是进一步细化——"主智的演说学"包括学术的演说、教育的演说、报告的演说、辩护的演说、判决的演说；"主情的演说学"包括宗教的演说、道德的演说、送迎的演说、吊贺的演说；"主意的演说学"包括政治的演说、法律的演说、谈判的演说。[2]

　　其实分类没那么重要，之所以弄得如此复杂，很大程度是为编目的需要。如杨炳乾编《演说学大纲》（1928）第四编分类演说辞，包括即时演说、普通演说、正式演说、筵宴演说四种；李寓一编《讲演法的研究》（1928）第二章共十二节，分别讨论政治讲演、学术讲演、化装讲演、实验讲演、巡回讲演、游艺讲演等；程湘帆编《演讲学》（1933）共十八章，分章讨论说明式演讲、故事式演讲、议论式演讲、叙事式演讲、辩论式演讲、特别式演讲；尹德华《演讲术例话》（1943）正文共六章，分论政治演讲、职务演讲、礼节演讲、专题演讲、法庭辩护、广播演讲。有的重形式，有的主内容，有的讲功用，有的看媒介，各行其是，只要能自洽就行。有经验的演说家，都会根据现场情况及主人要求随机应变。

1　包括普通之修辞法：起伏法、照应法、批评法、列叙法、抑扬法、顿挫法、承接法、变换法、散对法、提揭法、倒叙法、设问法；以及特别之修辞法：反复、层进、重叠、嗟叹、对照、揣摩、逆折、责难、极端、拟人、拟物等。参见袁泽民《演说》第17—25页。

2　参见〔日〕加藤咄堂述《雄辩法》第130—131页，吕策译；以及袁泽民《演说》第5页。另外，冈野英太郎的《演说学》同样三分，只是边界略有差异："大别演说法为三种：曰公众政论法，法庭辩论法，宗旨说教法。第一重意力，第二重智力，第三重情力。"参见〔日〕冈野英太郎《演说学》第7—8页，钟观诰译。

图3-16　商务印书馆，1933年

对于演讲者来说，思想、立场、学养、修辞等，那都是长期积累的结果，无法一蹴而就。真正需要训练且可以训练的，主要是声音、表情与手势。据曾被孙中山聘为大元帅府顾问、总统府宣传局主任的刘成禺回忆，孙中山先生自述练习演说之法：一练姿势，二练语气，然后就是"聆名人演说，于某人独到之处，简练而揣摩之，积久，自然成为予一人之演说"[1]。

所有的演说学著作，提及结构、思想及文采，都显得很吃力；能驾轻就熟、游刃有余的，主要是谈声音及姿态。如郝理思特《演说学》第七章"演说的姿态及准备"，包括衣服、态度、声音、生理和神经状况四小节；而"声音"这一节含甲乙丙丁四部分：（甲）清晰，包括1.声音的发作，2.声音的传播，3.声音的强

1　刘成禺：《世载堂杂忆》第136页，沈阳：辽宁教育出版社，1997年。

度，4.呼吸；（乙）纯洁，包括1.呼吸的调节，2.喉咙的驰纵；（丙）宏亮；（丁）畅快，包括1.与听众说话，2.接近各个人，3.不用固定演说词。[1] 追摹美国教授的中国学生，也大都在声音与姿态这两点打转。如杨炳乾编《演说学大纲》（1928）第八章"声音之研究"，含声音之性质、发音之原则、发音之训练三节，有很多具体而微的提示，如音色、音势、音阶、音节、音度、音调该如何把握，以及如何进行发音训练[2]；程湘帆编《演讲学》第六章"演讲语调"："演讲不是谈话。谈话只对一人，至多亦不过数人；而公共演讲则对数十百千万人。谈话的目的只在比较经验与交换意见；而演讲则在感动人，令人决定主张，起来实行做事。"[3]

至于演讲的姿势（姿态），毕业于美国伊利诺伊大学，曾任复旦大学文学院长兼西洋文学系主任的余楠秋（1897—1968）很有经验，可谓要言不烦："对于群众演说，动作尤为重要；盖群众是合各种各色的人组织而成的。他的头脑极复杂，而思想却极简单；重感情而无理智，喜动而不喜静，故此讲话不宜过多，而动作则万不能不有。"[4] 以下三点提醒很重要："第一，他的姿势，须要简单；简单的姿势，听众容易懂得，不至于再多费他们的心思去猜度演说者的用意"；"第二，姿势必须适宜"；"第三，姿势须多变换"。[5] 程湘帆《演讲学》第二章"讲者的态度"，介绍了七种

1　参见〔美〕郝理思特著、刘奇编译《演说学》第346—364页。

2　参见杨炳乾编《演说学大纲》第122—140页。

3　程湘帆编：《演讲学》第70页，上海：商务印书馆，1933年。

4　余楠秋：《演说学ABC》第44页。

5　同上书，第50—51页。

图3-17　世界书局，1928年

图3-18　大公报代办部，1936年

"皆为剧场所常用"的姿势，并配上图像，提醒"我们在讲坛上演讲""必须认真练习"。[1]韩蠡编著《演讲术》共十二章，重头戏同样落在第九章声调、第十章姿态、第十一章登台规则，理由是"演讲是一种技术，又是一种艺术，我们要达到演讲的目的，这两种特质，都是必须具备的"；只有给听众留下"深刻的印象和美感"，这样的演说才能说是成功的。[2]

　　为何如此强调声调与姿态，那是因为演说本来就带有表演的成分。所谓"演说"或"演讲"："演，一方面是演述，是把语言经过计划组织地表达；一方面是表演，是态度和姿势的表演。"[3]这里

<hr />

1　程湘帆编:《演讲学》第23页。

2　韩蠡编著:《演讲术》第4页，上海：大公报代办部，1936年。

3　任毕明:《演讲术·雄辩术·谈话术》第4页，上海：实学书局，1946年。

所说的表演，包含舞台感，首先摒弃教师口吻，因听众不是你的
下属，不喜欢你的"循循善诱"；其次讲究"场合和方式"，所谓
"'对什么人讲什么话'，这是一个必要的原则"。[1]

　　1940年重庆生活书店刊行孟起著《怎样演讲》，与孙起孟
《演讲初步》（生活书店，1945年初版，日后有1946、1947、1948
年等重印本），其实是同一本书，开本及页数不同，但都包含引
子、演讲的意义、演讲的训练、怎样"演"、怎样"讲"等五部
分。作者很有演说经验，娓娓道来，要言不烦。谈及"演讲的意
义"，作者称："演讲这一定名是非常确当的，因为它指出了这一
种说话的方式的必不可缺少的两部分——'演'和'讲'。"[2]"关
于'演'的这一部分，我们可以提出'手势'、'身势'两项来研
究；关于'讲'的这一部分，我们第一应该研究'怎样处理讲的
声音'。"[3]这些都还是泛泛而谈，看不出什么特异之处。下面关于
面部表情及手势的处理方式，方才显示作者的实力：

　　　　若是人数多了，场合大了，需要演讲这一方式的时候，
　　那便不能单靠面部表情，而大大有赖于身势、手势。为什
　　么呢？假定演讲者朝对几百人、几千人的听众，作一些面
　　部表情，试问：听众是否每一个人都可以看得清楚呢？[4]

1　任毕明：《演讲术·雄辩术·谈话术》第13、70页。

2　孙起孟：《演讲初步》第8页，上海/重庆：生活书店，1945年。

3　同上书，第19页。

4　同上书，第38—39页。

图3-19　中华书局，1928年

这是真正的经验之谈。在没有摄像机及现场大屏幕的时代，稍为大型的演讲，演说家的手势，远比面部表情重要。这也是很多演说学著作所配插图，多重在手势的缘故。

与孙起孟《演讲初步》的简洁明了相反，著名民族史学者、早年曾任上海崇德女子中学校长的徐松石（1900—1999），"特于高级中学普通与师范科第三年，设置演讲一科，而将积稿整顿试验，屡经修改，始成斯帙"[1]，这就是其《演讲学大要》。我见到的1928年11月初版及1931年2月三版，都是308页（此外另有初中生文库本，158页），分概论、心理之考察、题目、材料、布置、体裁、登台演述等七篇29章。每章前有大纲，后有提要，中间正文

<hr />

1　徐松石:《〈演讲学大要〉序言》，《演讲学大要》，上海：中华书局，1928年。

还分一二三四，便于读者理解与温习，接近当初的课堂讲义。只可惜此书东摘西引，面面俱到，但无甚精义。

其实，影响演说效果的，除了声音、姿势，还有心态。你到底是讲给谁听，演说者须心中有数——听众是国务院总理还是青年大学生，说没有高低贵贱之分，那是假的。诸子时代的百家争鸣与游说诸侯获取功名，说话口气肯定不一样；汉唐草创、宋代开始制度化的经筵日讲，与清代地方官每月两次举行公开集会，给百姓宣讲圣谕，也都立场迥异。采取仰视、俯视还是平视的演说心态，不仅涉及内容设计，也包括声调与手势。这种心态上的变化很微妙，只能自己体会，很难在通用性质的"演说学"著作体现。一般而言，书籍所传授的"演讲术"，都是针对普通大众，采用居高临下的姿态。不管是群众游行还是乡村集会，是学校演讲还是商业营销，其实都在努力把握群众心理并因势利导。有一点值得警惕，演讲的场面越大、听众越多、情绪越高昂，理智必定相对降低；而演讲者为取得更好效果，往往是"多说情感的话，少说理智的话"[1]。

四、"无边的国事"与"有声的文学"

要问演说到底有多大作用，上述袁泽民"指导政府""警醒社会"的回答很提气。可那是站在民间立场或知识分子角度，才会如此笃定；若是你大权在握，未必允许人家借演说煽动民众并与

---

[1]　尹德华:《演讲术例话》第12页。

当局抗争。晚清思想启蒙大潮中，如初刊1907年《益森画报》第五期的《厮役演说》，讲述京师振懦女学堂门口一女仆演说"阅报之益"，或光绪丙午年（1906）八月《星期画报》第2期上那则《女学传习所开学》，讲述晚清重臣端方在女学传习所开学典礼上致辞，这些各方都能接受。而闻一多1921年绘制的"天安门前的青年讲演者"[1]，那种象征政治抗争的慷慨陈词，可就言人人殊了。宫本外骨《明治演说史》介绍明治时代爱国志士的怒吼，以及警察厅解散演说聚会引起听众骚动，那些文字及图像[2]，对于中国读者来说，可谓心有戚戚焉。

从晚清官民无碍地提倡演说，到北伐后国共两党分道扬镳，演说日渐介入现实政治，难怪当权者心存疑惑。不再是传统的"宣讲"，而是表达公共意见的"speech"，重心及立场从官府转为民间。其中，国民党总理孙中山是个关键。演说乃孙中山的特长，也是其提倡革命、募集经费、动员群众的主要手段。1924年5月30日，正在广州养病的孙中山，应上海《中国晚报》的邀约，在广州南堤的小憩俱乐部，对着留声机进行演讲。此演讲被制作成三张每分78转的胶木唱片，其中包括两张国语（普通话）版，一张粤语版。而在录音之前半年，即1923年12月30日，孙中山在广州对国民党员发表长篇演说，强调"革命成功全赖宣传主义"[3]。

1　见《清华年刊》即清华学校1921级毕业班纪念集，此闻一多创作的书籍装帧，图片上方有"BEFORE THE AUDIENCE"字样。至于"天安门前的青年讲演者"，乃《拍案颂——闻一多纪念图文集》（北京图书馆出版社，2007年）编者代拟的题目。

2　参见〔日〕宫本外骨《明治演说史》第143、157页。

3　参见陈平原《声音的魅力》，《文汇报》2014年12月2日。

中国学文补充读本

第 一 集

现代名人演讲集

张越瑞选辑

主编者

王聱玉 丁毅音 顾客瑞

商务印书馆发行

图3-20　商务印书馆，1937年

　　现代社会，要想成为成功的政治家，必须学会演说。杨炳乾
的《演说学大纲》从古希腊说到19世纪欧美，总共介绍12位演说
家，最后提及我国之孙中山、英之张伯伦、美之威尔逊"莫不以
能演说称"[1]。张越瑞选辑《现代名人演讲集》，其《导言》强调：
"孙中山先生是开演说风气的第一人，在他致力革命的几十年当
中，到处演讲，以唤醒国人。自民国成立以来，会社组织之多，
不可胜数，每日必开会，开会必有演说，而且在开会时，无论何
人，只要有话可说，总有说话的机会。所以，最近数十年来，我
们发动了各式各样的演说，党务，政治，军事，学术都有演讲，

1　"要之，在民治国家，其服务公众之杰出人物，必多以辞令见长，略举一斑，亦
　　可概见其余，并可知演说学与政治社会关系之密切矣。"（杨炳乾编：《演说学大
　　纲》第31页）

为中国新的演说建立一个新的纪元。"[1]此乃时人的共识，以至大凡
编演说学著作或辑名人演讲集的，大都会选入孙中山的文章。孙
中山晚年随侍黄昌毂编辑、胡汉民作序的《孙中山先生演说集》，
1926年由上海民智书局刊行，收文40篇，共434页，书前有孙中山
手书"演说，待修改"。此乃秘书随身记录，说明演讲对象以及
现场反应（如第一篇《三民主义》夹杂多处"鼓掌"的说明）等，
颇为可信。第二年，黄埔中央军事政治学校政治部编辑并出版发
行《孙总理演讲集》，分为五编，乃对军政界、对国民党员、对农
商界、对学工界和关于时局主张之演说词，共38文。1927年，王
剑星编辑的《（三民主义之一）民生主义演讲集》，由中央图书局
印刷/发行，此乃孙中山演讲的重新整理本，删繁就简，加标点，
分段落，还有小标题。据《编辑例言》："与本书同类的，还有《民
族》《民权》《孙文学说》《实业计划》《民权初步》诸演讲集，格
式都是一律的。"

　　不仅孙中山，连他的追随者也都格外重视演说。原因是："民
十六年国民革命军出发广东，其所以能处处致胜者，一部分的力
量，还得要归功于它的政治部宣传的力量。时至今日，演说学在
学校中已列为一种重要的科目，各校的演说和辩论的竞赛，已经
惹起社会上一般人的注意。"[2]北伐前后，国民党宣传部门开始大量
制作领袖人物的演讲集，既针对旧军阀，也针对竞争对手共产党。
1927年7月上海民智书局刊行《胡汉民先生演讲集》第一集，收文

1　张越瑞:《〈现代名人演讲集〉导言》,《现代名人演讲集》,上海:商务印书馆,
　　1937年。

2　余楠秋编:《演说学概要》第11页。

十篇，共80页。谈"五四"运动乃爱国运动，重点是"因为这个运动里面，寓有一种民族独立的精神，任何时候都想驱除掉其他民族外加的压迫"；回过头来论述如何继承孙总理的民族主义：既反北方军阀，也打共产党。[1]胡汉民本就以能言善辩著称，国民党宣传部门紧接着推出收文十一篇（102页）的《胡汉民先生演讲集》第二集（民智书局，1927年8月）、收文八篇（74页）的《胡汉民先生演讲集》第三集（民智书局，1927年11月），一点都不奇怪。

与胡汉民同样善于演说的，还有国民党另一领袖人物汪精卫。中国印书馆（未标出版地）1927年2月再版《汪精卫演讲录》，收《民主政治的途径》《对于女界的演讲》等23文，共127页。这一年宁汉分裂及合流，汪精卫立场前后变化，同年刊行的《汪精卫先生最近演说集》（未署出版单位），收《武力与国民结合》《党与民众运动》《主义与政策》等16篇，书前《读者注意》，提及其中多篇"都是宁汉合作以前的文字"，对南京同志有反对口气的，"都经汪精卫同志亲笔删去了"。

胡、汪二位出演讲集很正常，让人惊讶的是，连一介武夫蒋介石也来凑热闹。三民出版部（未标出版地）1926年11月第三版《蒋中正演讲录》收录《革命党员要做无名英雄》《校长对广大童子军训词》等文17篇，共112页。此乃国民党宣传部主持的政治读物，封底印有本书局广告，除了《三民主义》《建国大纲》等，还有《孙文建国演说》《孙中山演说集》《孙中山演讲录》《蒋中正演说集》《蒋中正演讲录》《汪精卫演说集》《汪精卫演讲录》《当

1　参见《胡汉民先生演讲集》第一集第28、35—36页，上海：民智书局，1927年。

图3-21　广文书局，1921年

代名人演说集》《外国名人演讲录》《胡汉民演说集》《梁任公演说集》《章太炎演说集》等。与此潮流相呼应的，还有时希圣编《党国伟人演说录》（广益书店，1928年）、《党国要人陈公博、汪精卫最近演说集》（三民公司，1929年）等。

　　演讲集作为一种出版物，此前便有若干出版社在操作，且市场反应不错。因顾及读者趣味，所选演讲者多为文化名人。如1919年广益书局刊行广益书局编辑部编《中外名人演说录》，上卷收蔡元培《欧战后教育问题》、胡适《实验主义》等45篇，下卷有《美国大总统威尔逊在巴黎和会演说》等11篇，涉及政治、经济、教育、文艺、科技等方面。1921年上海广文书局印行陆翔选《当代名人新演讲集》，收文36篇，共272页，其中杜威3篇、罗素3篇，

图3-22　时还书局，1924年

接下来蔡元培9篇、胡适4篇、章士钊2篇、蒋梦麟2篇，此外，章
太炎、陈独秀、梅光迪、周作人、李石岑、张东荪、李大钊等各1
篇。立场新旧兼备，以教育为主，故蔡元培独占鳌头。[1]

　　也就是说，北伐之前刊行的演讲集，所谈论的"国事"，以教
育、文化、学术为主，偶尔兼及现实政治。1924年8月上海时还书
局印行许啸天辑《名人演讲集》，编者称："近年知识界有一件极
值得欢喜的事，便是名流演讲。这是学术界思想界极有利益而极

1　此书1924年上海世界书局推出第七版，页数没有变化。台湾文海出版社1972年
　刊行沈云龙编"近代中国史料丛刊"，此书编为第82册。蔡元培入选文章为《以
　美育代宗教说》《我的新生活观》《黑暗与光明的消长》《科学之修养》《欧战后之
　教育问题》《新教育与旧教育之歧点》《对于清华学生之希望》《留学法国之利益》
　《国文之将来》等，占全书四分之一。

经济的办法。"[1]梁启超《文史学家的性格及其预备》《学问之趣味》《中国近三百年学术史》《实践实用主义的颜李学》，差不多占了一半篇幅。[2]接下来是胡适的《哲学与人生》《再谈整理国故》、章太炎的《语言统系》、张君劢的《为人之道》，以及汪精卫在暨南大学的演讲《学生与政治》。在编者看来，此时的汪精卫，属跨政治/文化两界的名人。汪文批评时下学生之专心读书不问政治，也算聊备一格："吾意以为学生对于国事，应须明瞭；我们华侨学生，尤宜明瞭吾国之政治。"（第1页，此书每讲另编页数，汪文共12页）

　　国民政府定都南京以后，宣传部门大量印制领袖讲稿，但真正在市场上流通的演讲集，依旧还是以文化名人为主。如刘达编《演说选》（北新书局，1935年）收入中外著名人士演讲词30篇，共328页，属于"中学国语补充读本"丛书，除汪精卫《我们要建设怎样的国家》等二文外，其他都出自文化人之口/手，选择颇为精当，如章炳麟《今日青年界之弱点》、梁启超《为学与做人》和《治国学的两条大路》、蔡元培《科学之修养》、胡适《为什么读书》和《怎样读书》、鲁迅《娜拉走后怎么》和《老调子已经唱完》、杜威《品格之养成为教育无上之目的》、罗素《宗教之信仰》、爱罗先珂《世界语与文学》等。而张越瑞选辑《现代名人演讲集》（商务印书馆，1937年）收文八篇，共128页，包括梁启超《情圣杜甫》与《科学精神与东西文化》，以及王世杰《青年人

1　许啸天：《〈名人演讲集〉序》，《名人演讲集》，上海：时还书局，1924年。
2　梁文之所以大量入选，除本人名气及演讲水平外，更因此前已有张君劢、蓝公武辑《梁任公先生演说集》第1辑（正蒙印书局，1912年）和《梁任公学术讲演集》第一辑（商务印书馆，1922年）行世。

格的修养》、胡适《读书》、竺可桢《气候与人生及其他生物之关系》、李剑农《中国近百年史》、顾颉刚《清代汉学家治学精神与方法》、王云五《出版与国势》。最后一篇明显离题，那是为了照顾老板情绪（此书收入王云五等主编的"中学国文补充读本"），其他各篇作为中学语文课堂的补充读物，即便放在今天也都合适。

同是演讲集，普通读者关心"无边的国事"，而掌权者则希望集中在政治论述。领导每天都发表"重要指示"，宣传部门尽可不断印行，只要不强求一律就行。可党务人员不这么想。汪励吾编著《实验演说学》（1928），论述演说的目的、常识、方法、效用等，共57章，250页。此书前有中国国民党中央委员胡汉民题签"理足辞工，感人者大"，后有中国国民党上海特别市党部宣传部长陈德征序，强调"汪生励吾，于受党的训练之余，更致力于演说"。如此排场，难免招人嫉恨。不过，党务与演说的关系，确实值得一说。该书《自序》称："演说为人类今日必备之学识，其关系之重要，已为世之识者所公认。泰东西各国人民对于演说之狂热，几如一种流行病之不易遏止！"其中第五则"演说与革命"，专论"中国国民党三民主义的国民革命与演说的关系"，诅咒那些"狂暴丧天良自私自利的反革命的演说"，坚称："三民主义所需要的口头宣传者，非具有诚实、热烈、克苦、廉洁、无畏……的精神，是不配的！"[1]读书后王广荫《跋》，方才知道此君有好几个党务方面的头衔，虽位置不高，但立场十分坚定。

都知道演说不仅传播知识，还可以发动群众，积聚力量，成

1　汪励吾编著：《实验演说学》第11、14页，上海：人生书局，1928年。

为重要的政治斗争工具。这一点，国共两党均心知肚明。推行党化教育，追求舆论一律，拒绝不同政见的演讲，成了国民政府重要的执政理念。一直到抗战全面爆发，出于发动民众的需要，言路逐渐放开，国人终于可以公开谈论"国事"了。"我们只要想一想茶馆酒楼里贴着'莫谈国事'条子的时候是怎样一番光景，现在乡村角落里都有时事演讲或是宣传队的足迹时，又是怎样一番光景，便可恍然了。"[1]大敌当前，国共两党只好携手共渡难关。此前屡加限制的政治演说，这回得以自由绽放。正如孙起孟《演讲初步》所说：

> 神圣的抗战为我们解除了不少的束缚，在大家的不经意间，为我们冲破了说话的禁忌。许多以前想说而不能说的话，现在都说出来了。许多以前不说话的人，现在也说起话来了。抗战带来了说话的解放，而说话的解放对于抗战也起了很大的作用。[2]

安徽省休宁县人孙起孟（1911—2010）乃现代中国著名的教育家和社会活动家，1930年毕业于东吴大学，既教书，也议政，长期参与中华职业教育社活动，1948年代表民主建国会参加筹备新政治协商会。新中国成立后，曾任第七、第八届全国人大常委会副委员长，中国民主建国会第七、第八届中央委员会名誉主席。

1　孙起孟：《演讲初步》第3—4页。
2　同上书，第4页。

主要著作除《演讲初步》外，还有《生活的智慧》（1946）、《写作方法入门》（1947）、《学习·工作·修养》（1947）、《词和句》（1949）等，都是通俗读物。

正因长期专注于民众教育，擅长撰写小册子，孙起孟对于通俗读物以及演讲的文体很有体会。比如，在《演讲初步》第五章"怎样'讲'"中，孙起孟分三方面谈论"演讲和写文章有什么不同"："演讲词中材料的篇幅分配比较文章要自由一些，可以不如作文那么谨严"；"文章里除掉必要的条件下，是要避免重复；演讲词里'重复'却成为一个有力的工具"；"演讲词里需要极清楚的条理，这是文章里不一定特别着重的"[1]。这些都是经验之谈。尤为难得的是，作者对于"演说"作为一种文体充满自信：

> 作者曾在一本小册子里提出过"口头作文"的主张。……"出口成章"，原是一句赞美长于文才的话；现在我们要把这句话作为写作的一个最低的标准。"文章"在那里做呢？"出口"便要做；而且也只有这样做，作文才获得一条平坦的踏实的途径。[2]

在孙起孟看来，演讲词之浅俗以及接近口语，不是退而求其次，而是一种自觉的文体选择。

作为声音的"演说"，因事先撰稿或事后整理，可作为出版物广泛传播。但在一般人心目中，这印在纸上的演讲稿，与那些苦

1　孙起孟：《演讲初步》第49—51页。

2　同上书，第6页。

心经营的"文章"/"文学"，还是有很大距离的。只是随着各种名人演讲集的刊布，读者"虽足不出户，而当代英豪之謦欬，仿佛可闻"；且因各稿认真经营，其"文笔皆畅茂真朴，文体则新旧兼备，并可为学文之助。"[1]到了1940年代，任毕明著《演讲术·雄辩术·谈话术》时，强调文化普及"应该从大众的耳朵着想"，若有人问"什么是演讲"，回答应该是："廉价的宣传品，有声的文学，迤逦生波的流水。"[2]并非所有的演说都能成为"有声的文学"，也并非所有的演说都命定是"廉价的宣传品"，高低贵贱雅俗，就看你的才华及努力方向。

作为文体的演说，若分议题，可以是政治宣传，也可以是批判文章；可以是课堂讲义，也可以是典礼致辞。所有这些，都可能兼及宣传的力量与文章的魅力，就看你会不会经营。君不见，有些精彩演说，因余音绕梁而被长久记忆，既入政治史，也入文学史。以"出口成章"为荣，提倡"有声的文学"，这方面的经典文献，当推朱自清初刊《小说月报》第20卷第6号（1929年6月）的《说话》。

1940年，上海纵横社刊行顾绮仲的《怎样说话与演讲》[3]，前后各七章，冠以朱自清《说话——代序》。朱自清此文并非专为顾书而作，但借用过来，颇能道出"演说"成为"文章"的妙处。在

1　陆翔：《当代名人新演讲集·凡例》，《当代名人新演讲集》，上海：广文书局，1921年。

2　任毕明：《演讲术·雄辩术·谈话术》第3页。

3　此书有1943年奉天版，署名林语堂编著。此等掩人耳目的盗版，没想到骗过不少外行。2004年文化艺术出版社重刊此书，也署林语堂著，还用满洲国时期的奉天版。

朱自清看来，"说话"种类繁多，如演说、讲解、说书、会议、谈判乃至法庭受审等，而与白话文运动关系密切的"演说"，最有可能承继五四文学革命带来的那些"活泼的、精细的表现"。这一假设，使得朱自清谈论作为一种"说话"的"演说"时底气十足：

> 说话即使不比作文难，也绝不比作文容易。有些人会说话不会作文，但也有些人会作文不会说话。说话像行云流水，不能够一个字一个字推敲，因而不免有疏漏散漫的地方，不如作文的谨严。但那些行云流水般的自然，却绝非一般文章所及——文章有能到这样境界的，简直当以说话论，不再是文章了。但是这是怎样一个不易到的境界！[1]

所谓"用笔如舌"，说起来容易，真要做到很难。过分追求"出口成章"，可能导致套语套式的大量使用，就像民间歌手的吟唱，有借题发挥的因素，但语料库的储存至关重要。有人急智/机智，说话新见不多，但很能应景。可这只是小智慧，且老是赶场，没时间停下来阅读与思考，说多了，说顺了，也就说烂了。说话须斟酌，写诗要推敲，作文得磨勘，所谓"人磨墨，墨也磨人"——只不过经营的方式不同而已。千万别太迷信"我手写我口"，好的演说，那种"行云流水"，其实是千锤百炼的结果。

不管你是写后讲还是讲后写，是一挥而就还是经过修订与润

---

1 朱自清：《说话》，《朱自清全集》第三卷第340页，南京：江苏教育出版社，1996年。

色，只要能兼及阅读与倾听，就是成功的"有声的文学"。如章太炎上海讲中国文化、胡适天津说国语文学、鲁迅广州辨魏晋风度、闻一多昆明批特务暗杀等，都是兼及学问/政治与著作/文章。[1]当然，演说而能成为好文章、好著作，除了个人才情，也需天时地利人和的配合。

附记：本文的写作，资料方面主要受益于哈佛大学燕京图书馆、日本国会图书馆、中国国家图书馆，以及北京杂书馆，特向以上机构致谢。

---

1 参见章太炎《国学概论》、胡适《国语文学史》、鲁迅《魏晋风度及文章与药及酒之关系》以及闻一多《最后的演讲》。

第四章　声音的政治与美学
——现代中国演说家的理论与实践

谈论众多影响现代中国历史文化进程的"声音"，音乐学、宗教史、文化工业等方面的著作，因都在原先学科的视野上延伸，且有物质文化作为根基，显得比较稳妥、踏实；至于文学研究者本就关注的学堂乐歌、国语运动、读诗会、口传性与书写性的张力等，这些年更是有很大的推进。另外，我对晚清唱片业及速记法的传入、无锡国专以诵读为主的教学方式、1930年代朗诵诗运动的兴起、抗战中笳吹弦诵遍神州的大学校歌、"文革"中遍及城乡的高音喇叭、1990年代的古诗文诵读工程、世纪末崛起的未名湖诗歌节等具体而微的兼及制度、思潮、技术及审美的"声音"都感兴趣。但实际上，我主要关注的，还是自认为文化内涵最丰富，政治功能最强大，因而也最值得认真推敲的"演说"。此前所撰论文，涉及演说学之传入、演说的定义与溯源、分类与技术，以及"无边的国事"与"有声的文学"；还有演说如何开启民智，以及促成近现代中国文章变革；演说怎样与报章与学堂结盟，且在晚清画报及文明戏中抛头露面；演说家的风采与白话文的进路，

图4-1　蔡元培在上海儿童节大会演说
（《东方画报》1934年第31卷第9期）

以及演说在当代中国的各种变体等。[1]

　　我曾在论文中提及，蔡元培1917年在天津南开学校的两次演说（《在南开学校全校欢迎会上的演说词》《在南开学校敬业励学演说三会联合讲演会上的演说词》），由南开学生周恩来记录整理；1920年在长沙的两篇演讲稿（《美术的价值》《对于学生的希望》），其记录整理者则是毕业于湖南一师、曾任北大图书馆书记的毛泽东。[2]这四场/篇没能进入1920年北大新潮社版《蔡孑民先生言行

1　参见陈平原《现代中国的演说及演说学》，《中国文化》2020年秋季号（10月）；《有声的中国——"演说"与近现代中国文章变革》，《文学评论》2007年第3期；《晚清画报中的声音》，《文艺研究》2019年第6期；《学术讲演与白话文学——1922年的"风景"》，《现代中国》第三辑，武汉：湖北教育出版社，2003年；《徘徊在口语与书面语之间——当代中国的工作报告、专题演讲以及典礼致辞》，《中国文学学报》第二辑，香港：香港中文大学出版社，2011年。
2　参见陈平原《何为"大学"——阅读〈蔡孑民先生言行录〉》，《学术月刊》2010年第4期。

录》的"演说"，足证1901年出任南洋公学特班总教习时蔡先生的预言："今后学人，领导社会，开发群众，须长于言语。"[1]

晚清以降，几乎所有重要的政治人物、思潮及运动，多少都牵涉作为一种技术及文化的"演说"。而铺天盖地的演说，不仅影响中国政治态势，同时影响文章体式，这点此前已有论述。本文准备另辟蹊径，主要着眼演说的政治功能与美感实践，借助演说之氛围、演说之乡音、演说之变奏、演说之危险、演说之诗性五个不同层面，讨论若干兼擅演说理论与实践的政治人物及其演说名篇。此前我谈演说，多着重学问家（文学家），关注文化传播；今天则侧重政治家（实践家），注重社会动员——共同之处在于，注重声音转化为文字，以及"以话为文"的得失成败。

一、演说之氛围

多年前我曾谈及，与书斋里孤独地阅读不同，"演说"讲究现场效果，需要台上台下紧密配合："演讲者固然借助语言、手势以及身段在调动听众的情绪，而听众通过拍掌、跺脚、嘘声乃至走人等，同样达成对于演讲者的诱惑，使得其身不由己，往听众的趣味靠拢。"[2]具体到我曾专门撰文讨论的文学课堂，那可都是教师

1　黄炎培：《吾师蔡孑民先生哀悼辞》，初刊重庆《中央日报》1940年3月24日，又见陈平原、郑勇编《追忆蔡元培》第91—92页，北京：生活·读书·新知三联书店，2009年。

2　陈平原：《有声的中国——"演说"与近现代中国文章变革》，《文学评论》2007年第3期。

与学生合力完成的"表演"：

> 单有演讲者的"谈吐自如"还不够，还必须有听讲者的"莫逆于心"，这才是理想的状态。第一是表演，第二是氛围，第三是对话，第四是回味——二十世纪中国的"大历史"、此时此地的"小环境"，加上讲授者个人的学识与才情，共同酿就了诸多充满灵气、变化莫测、让后世读者追怀不已的"文学课堂"。[1]

因有师道尊严以及课堂纪律的约束，相对说来，教师的表演比较容易获得掌声；至于广场上的演说或大型集会上的政治动员，更依赖会场整体氛围以及讲者个人魅力。

这里仅以孙中山1906年12月2日在东京《民报》创刊周年庆祝大会的演说为例，勾勒一次大的群众集会及其成功演讲的诸多因素。此次演讲有很好的记录稿，但因不是单独成文，日后入集时题目五花八门——（1）1928年"首都各界总理逝世三周年纪念会印赠"的《孙中山先生演讲集》[2]，开卷第一篇即此文，题为"中国的改造问题——在《民报》纪元节演讲词"（1906）。（2）1951年9月初版，（台北）"中央"改造委员会编辑、发行的《总理全书》之七《演讲》（上），前两篇乃1905年7月在日本东京富士见楼对学

1　陈平原：《"文学"如何"教育"——关于"文学课堂"的追怀、重构与阐释》，《中国文学学报》创刊号，香港：香港中文大学出版社，2010年。

2　该书共六编527页，封面有国民党元老谭延闿题写书名"中山先生演说全集"，内文则是《孙中山先生演讲集》，日后被收入文海出版社1971年刊行的"纪念中华民国建国六十周年史料汇刊"的第七册，又成了《孙中山先生演说全集》。

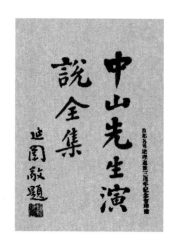

图4-2　首都各界总理逝世三周年纪
　　　　念会印赠，1928年

生演讲的两个版本的记录稿，第三篇就是此演讲稿，题为"三民
主义与中国民族之前途"。（3）1956年人民出版社版《孙中山选
集》，宋庆龄题写书名，属于权威版本，此文题作"三民主义与中
国前途"[1]。（4）1981年人民出版社第二版《孙中山选集》请专家做
了修订，此文改题《在东京〈民报〉创刊周年庆祝大会的演说》。
（5）广东省社会科学院等合编的全十一册《孙中山全集》第一卷
（中华书局，1981年），收录此文时同样题为"在东京《民报》创刊
周年庆祝大会的演说"，根据杂志校订，但分段更为细致。（6）孟
庆鹏编《孙中山文集》（团结出版社，1997年），此文又变成了
"民族的、国民的、社会的国家——在东京《民报》创刊周年庆祝

1　《出版者的说明》称，此书根据各种版本的《总理全集》《总理遗教》《孙中山全
　　集》等做了校订，"凡是能够找到影印的原稿或者最初的印本的，便根据这种原稿
　　或者印本校订"，特别提及"《〈民报〉发刊词》是根据《民报》第一号校订的"；
　　可这篇初刊《民报》第十号的孙中山演讲稿，却没有根据杂志校订。

大会的演说"。

不说具体文字的差异[1]，之所以题目纷纭，因本来就不是独立文章——此乃《民报》第十号"纪事"栏所刊民意（胡汉民）《纪十二月二日本报纪元节庆祝大会事及演说》的摘录。该文甚长，共34页（第81—114页），文末有记录者的"附识"："篇中演说之辞，除章太炎先生暨田君桐，自撰演说稿外，皆依笔记编次，或节录大要，脱有误会，笔记者任其责。"1905年11月创刊的《民报》月刊，乃同盟会机关报，孙中山撰《发刊词》，阐发"民族""民权""民生"这三大主义。[2]约略与此同时，孙中山还在东京中国留学生欢迎大会上演说，称"近今十年思想之变迁，有异常之速度"，最突出的，便是这"民族主义大有一日千里之势"。[3]因此，《民报》上诸多文章，多主张民族主义，提倡"排满"革命，连篇累牍地批驳《新民丛报》（1902年创刊）的保皇立场，赢得了热血沸腾的青年学生的广泛赞誉，迅速提升了杂志的地位以及同盟会的影响力。就比如这册《民报》第十号（1906年12月20日出版）上，除了（章）太炎的《箴新党论》（以及《说林》三则

1　校订以上第一至第四个版本，略有差异（见括号中文字）：（1）"（还有一个）问题，我们应要研究的，就是将来中华民国的宪法"（第8页），"合上（两种），共成为五权分立"（第10页）；（2）"（还有一个）问题，我们应要研究的，就是将来中华民国的宪法"（第30页），"合上（两种），共成为五权分立"（第34页）；（3）"（其次），我们（要）研究的，就是将来中华民国的宪法"（第79页），"合上（四权），共成为五权分立"（第81页）；（4）"（尚有一）问题，我们应要研究的，就是将来中华民国的宪法"（第87页），"合上（四权），共成为五权分立"（第89页）。

2　参见《〈民报〉发刊词》，《孙中山选集》第75页，北京：人民出版社，1981年。

3　孙中山：《在东京中国留学生欢迎大会的演说》，《孙中山选集》第72页。

和《与人书》)、(胡)汉民的《排外与国际法》、寄生（汪东)《复仇论》、(汪)精卫的《杂驳〈新民丛报〉第十二号》，再就是此作为重头戏的民意（胡汉民)《纪十二月二日本报纪元节庆祝大会事及演说》。后者描摹会场氛围，记录口头演说，笔墨相当生动，读来大有亲临其境的感觉。

此《民报》周年纪念会，在东京神田锦辉馆举行，黄兴任主席，先请章太炎读祝词，"祝辞庄肃悲壮，听者人人感动"；接下来，"主席黄君请孙先生文，起而演说，其辞如左"。紧接着的是章炳麟、日本来宾以及好几位留学生的演说，夹杂记录者的评议。当天演说的人不少，但属孙中山的篇幅最长，占三分之一强；当然，内容也最为重要。可惜的是，日后入集，除了改题目，还删去了众多表情达意的符号。下面抄录1981年人民出版社版《孙中山选集》中此文前三段，以（ ）表示《民报》原文：

诸君：今天诸君踊跃来此，兄弟想来，不是徒为高兴，定然有一番大用意。今天这会，是祝《民报》的纪元节。《民报》所讲的是中国民族前途的问题，诸君今天到来，一定是人人把中国民族前途的问题横在心上，要趁这会子大家研究的。（拍掌）兄弟想《民报》发刊以来已经一年，所讲的是三大主义：第一是民族主义，第二是民权主义，第三是民生主义。

那民族主义，却不必要什么研究才会晓得的。譬如一个人，见着父母总是认得，决不会把他当做路人，也决不会把路人当做父母；民族主义也是这样，这是从种性发出来，人人都是一样的。满洲入关，到如今已有二百六十多年，我们汉人就是小孩子，见着满人也是认得，总不会把来当作汉人。这就是民族主义的根本。（大拍掌）

　　但是有最要紧一层不可不知：民族主义，并非是遇着不同（种）族的人便要排斥他，是不许那不同（种）族的人来夺我民族的政权。（大拍掌）因为我汉人有政权才是有国，假如政权被不同（种）族的人所把持，那就虽是有国，却已经不是我汉人的国了。（拍掌）[1]

《民报》原刊并没分段，各种整理本在为演说分段的同时，改动了不少标点，有几处"种族"被改为"族"，而最大的不同，在于删去了夹杂其间的"拍掌""大拍掌""众大笑"等说明现场氛围的括号，以及最后的"众大拍掌呼万岁"。

　　为了让"演说"变成"文章"，整理者删去了"大拍掌"等闲文，表面上看内容没动，可阅读感受却大不相同，不再有亲临现场、感同身受的体会——某种意义上，这也是文字（书本）与声音（模拟声音）的差异。那种一呼百应、排山倒海的演说氛围，借助于虽简短但极为传神的"大拍掌"等，让远隔千山万水的听众，或百年后的你我都能深切体会到。

　　当初的报道称，这场大规模群众集会有五千余人参加，"会场无隙地，后至者络绎于门外，不得入"；多年后作者改口："余乃开《民报》一周年纪念会于东京，孙先生莅场演说，听者万余人，

1　孙中山：《在东京〈民报〉创刊周年庆祝大会的演说》，《孙中山选集》第80—81页。

欢声震天地。"[1]我开始很怀疑这万人集会是否过于夸张，虽然明知
神田锦辉馆确实是晚清留日学生政治活动的重要场所——如1903
年留日学生组织拒俄义勇队，也就是后来的军国民教育会，"定期
开大会于神田锦辉馆，各省学生到者五百余人"；1906年章太炎
出狱，孙中山派人迎到东京，"留学界于七月十五日开欢迎会于神
田锦辉馆，莅会者二千余人"[2]。即便考虑孙中山的个人风采、同盟
会的组织能力，还得计算当年留日学生人数，以及这锦辉馆室内
面积。不过，看多了时人的回忆及日记，此次活动规模确实惊人。
章太炎自定年谱1906年则："余抵东京，同志迎于锦辉馆。来观者
七千人，或着屋檐上。……其冬，《民报》创置满一岁，赴锦辉馆
庆祝，观者万人。"[3]更为可靠的是宋教仁《我之历史》，其1906年
12月2日日记与当时报道若合符节，且有很多生动的细节，包括如
何偕宫崎寅藏挤过人群，冲到前台去演说或口译：

> 九时，偕宫崎氏往赴《民报》纪念大会（在神田锦辉
> 馆）。至则已开会良久，来者已满，门口立者约有千余人。
> 余等不能入，自其旁一窗内蛇行而入。至会场侧望之，满
> 场已无隙地，欲入场竟不可得。乃复出，徘徊良久，余忽
> 思得一法，遂引宫崎氏自大门排挤而入，余在前大呼："有
> 特延之来宾一人来，请少让勿却客"云云。则诸人皆偏身
> 让出一路，遂得入场。比至演台后，则余之履物已失矣。

1　《胡汉民自传》，《胡汉民回忆录》第18页，北京：东方出版社，2013年。

2　冯自由：《革命逸史》初集第104、56页，北京：中华书局，1981年。

3　章炳麟：《太炎先生自定年谱》第11页，香港：龙门书店，1965年。

时则孙逸仙氏正演说社会主义，拍掌声如雷。余不及细听。逸仙复演说将来宪法不宜仅仿三权分立，宜加入试验权，监察权，皆使独立，为五权分立方好云云。逸仙演讫，则章枚叔继之，又其次则来宾日人池亨吉氏、北辉次郎氏、宣（萱）野长知氏及宫崎氏，皆以次演说。余为之翻译一次，其余皆田梓琴及山西某君翻译之。讫，复有会员演说者数人。一时拍掌声、呼万岁声甚为烦杂，余几不堪。良久，有一人提议捐助《民报》经费，则皆赞成，一时投钱者，书名于册者，不知若干人。良久迄，始散会。散会时发《民报》临时增刊赠书券，人一枚，合计发出五千余枚，合其外未及发券及未得入场者计之，盖将近万人矣！亦未有之盛会也。亦足见人心之趋向矣。[1]

这个与会人数统计的说明很重要："发《民报》临时增刊赠书券，人一枚，合计发出五千余枚"，再加上未能入场或未领券者，说是"近万人"大致可信。不管是"五千余人""近万人"还是"万余人"，都是了不起的数字，如此大规模的政治集会，确实可见"人心之趋向"。更何况，这还是在异国他乡——只不过听讲者不全是正式注册的留日学生，还有游学者、日本华侨以及流亡政治家等。

为何能有如此火爆的演说场面，这就说到那时留日学生的数量及其迅速高涨的政治热情。谈论近代中国的留日学生，一般从1896年清廷派遣的13名留日学生抵达日本说起，不过有个细节必

---

1 《宋教仁日记》第303—305页，长沙：湖南人民出版社，1980年。

须补充：抵日三星期后，便有四人因生活不习惯或感觉受歧视而提前归国。[1]庚子事变后，亡国危机迫在眉睫，改革乃国人共识，赴日留学于是成为时尚，"尤其在1905年至1906年之间，留日学生竟创下八千人以上的记录"。[2]据实藤惠秀统计，1896—1937年间留日学生数量，1903年1000人，1904年1300人，1905和1906年各8000人，以后迅速回落，1907年7000人，1908年4000人。[3]这一留日学生数量曲线，和在东京的中国人政治活跃程度相吻合。[4]赴日学生精神状态不同，居留时间不一，具体到某年留日学生总数，很难准确统计，实藤惠秀列举了各家说法，然后做出自己的判断："1906年是留日学生人数最多的一年，共达一万三四千或二万名之谱"；这些留日学生大都聚集在东京，而"中国留日学生的中心地神田，称得上是个留学城"。[5]

聚集了大批留学生及华侨的东京，不仅是新知识的传播中心，也是重要的革命策源地。梁启超称："又自居东以来，广搜日本书而读之，若行山阴道上，应接不暇，脑质为之改易，思想言论，与前者若出两人。"[6]这是那个时代无数中国读书人的共同感受。

1　参见〔日〕实藤惠秀《中国人留学日本史》第18—20页，谭汝谦等译，北京：生活·读书·新知三联书店，1983年。

2　黄福庆：《清末留日学生》第1页，台北："中央研究院"近代史研究所，1975年初版，1983年再版。

3　参见〔日〕实藤惠秀《中国人留学日本史》第451页，谭汝谦等译。

4　"总之，自一九〇五年至一九〇七年之交，为留日学界之革命派与保皇派人士在政治活动上，最为活跃的时代，同时也是开始分裂的时代。"此后，主要舞台转移到国内。参见黄福庆《清末留日学生》第256页。

5　〔日〕实藤惠秀：《中国人留学日本史》第36、40页，谭汝谦等译。

6　梁启超：《夏威夷游记》，《饮冰室合集·专集之二十二》第186页，上海：中华书局，1936年。

日后成为著名政治家的张继，1900年入早稻田专门学校政治经济系，"除照例上课外，专在图书馆翻阅该国维新时中江笃介等所译之《法兰西大革命》《民约论》等书，革命思想，沛然日滋"。[1]年轻人热血沸腾，不仅坐而言，还要起而行，提倡反清的革命团体同盟会成立后，便有大批留日学生积极参加；如1905—1907年间，有960人在东京本部加盟，其中大多为留学生。[2]相对于留学欧美，总体而言，留日学生专业成绩不佳，但政治热情更高，并非每个人都成为革命家，但在日期间以及归国以后的表现，确实比留学欧美的更激进。[3]

　　1906年底，正是留日学生最多、政治热情高涨、革命与保皇论战最激烈的时候。借用某留日学生的《东京新感情》，其中"最得意二十一条"很能显示那个时代的新风气："听朋侪演说，最得意"；"自由、民权等议论，倡言无碍，最得意"；"痛骂官场，最得意"。[4]留日学生因读新书而思想大变，在海外痛骂清廷又百无禁忌，加上这蔚为奇观的演说新时尚，这些都为孙中山提倡民族革命的演说成功准备好了干柴，一旦点燃，随时可以烈焰腾空。可以这么说，1906年底孙中山在东京《民报》创刊周年庆祝大会的

1　参见《张溥泉先生全集》第233页，台北：中央文物供应社，1951年。

2　参见冯自由《中国同盟会最初三年会员人名册》，《革命逸史》第六集第63—86页，北京：中华书局，1981年。

3　关于留日学生的政治活动，参见〔日〕实藤惠秀《中国人留学日本史》第八章"留日学生的政治活动"（第339—427页）、黄福庆《清末留日学生》第六章"政治活动"（第211—311页）；至于归国后如何参与清末新政，参见尚小明《留日学生与清末新政》，南昌：江西教育出版社，2002年。

4　学生某:《东京新感情》，《新小说》第一号，1902年11月。

图4-3　民智书局，1927年

　　演说之所以获得巨大成功，因其凑齐了天时地利人和，再加上讲者、听众及记录整理者的密切配合。

　　成功的演说之所以能借助报章广泛传播，记录者的整理策略是个重要因素，那就是尽可能还原现场，而不是将其作为书斋文章来经营。这场演说的整理者胡汉民，1902年赴日本法政大学读书，1905年9月加入中国同盟会，其时正主编《民报》。除了长期追随孙中山，对其思想立场、政治主张及言谈举止均十分熟悉，更因胡本人也是著名的演说家，以能言善辩著称。1927年7月，上海民智书局曾刊行《胡汉民先生演讲集》一二三集。在自传中，胡汉民谈及东京时期，孙中山"恒使余与精卫为之执笔"；而自己"编辑《民报》及与保皇党之论战"，曾登坛演说三小时，大获全胜。[1]也正因为有丰富的演说经验，胡汉民用白话记录孙中

―――――――――

1　参见《胡汉民自传》，《胡汉民回忆录》第14—15页。

山的演说，尽可能保留演讲者说话的语气，且用括号注明现场反应，让读者能如身临其境，真切感受。对比此前一年陈天华用文言记录整理的孙中山在东京中国留学生欢迎大会的演说¹，很容易明白白话与文言记录演说的巨大差异²。1905年8月13日孙中山在东京富士见楼中国留学生欢迎大会上发表演说，这是个重要的历史事件，除了刊《民报》第一号的过庭（陈天华）《纪东京留学生欢迎孙君逸仙事》，还有吼生（吴昆）笔记《孙逸仙演说》（东京中国留学生欢迎会1905年9月印本）³，后者也是用白话记录。今天读来，吴本远比陈本精彩，更能显示孙中山的精神气象与演说技巧。

　　在现代社会，要想成为成功的政治家，必须学会演说。杨炳乾的《演说学大纲》从古希腊说到19世纪欧美，总共介绍了12位演说家，最后提及我国之孙中山、英之张伯伦、美之威尔逊"莫不以能演说称"⁴。张越瑞选辑《现代名人演讲集》，其《导言》强

1　比如，过庭（陈天华）《纪东京留学生欢迎孙君逸仙事》有云："西人知我不能利用此土地也，乃始狡焉思逞。中国见情事日迫，不胜危惧。然苟我发愤自雄，西人将见好于我不暇，遑敢图我。不思自立，惟以惧人为事，岂计之得者耶？"见《孙中山选集》第73页。

2　我在《学术讲演与白话文学——1922年的"风景"》中称："讲演者一般使用的是白话（即便章太炎这样的古文大师也不例外），如果用渊雅高深的文言来记录、整理，不是绝对不可能，但必须经过一番伤筋动骨的改造。以至经过'文言'这个模子出来的'讲演'，很可能尽失原先的风采与神韵。在表情达意方面，文言自有其长处，但绝对不适合于记录现场感很强的'讲演'。"

3　吼生（吴昆）笔记《孙逸仙演说》现收入黄彦编《孙文选集》中册（广东人民出版社，2006年），很容易见到。

4　"要之，在民治国家，其服务公众之杰出人物，必多以辞令见长，略举一斑，亦可概见其余，并可知演说学与政治社会关系之密切矣。"见杨炳乾编《演说学大纲》第31页，上海：商务印书馆，1928年。

调："孙中山先生是开演说风气的第一人，在他致力革命的几十年当中，到处演讲，以唤醒国人。"[1]可以说此乃时人共识，以至大凡编演说学著作或辑名人演讲集的，大都必选孙中山。

1902年官派留日的刘成禺（字禺生），早年在孙中山领导下积极从事反清活动，1917年被孙中山聘为大元帅府顾问，1921年奉派为总统府宣传局主任，其所著《世载堂杂忆》中收录《孙中山先生语录》三则，对于今人了解孙中山的演说技巧有很大帮助。尤其是第一则"练习演说之要点"，更是经验之谈：

> 　　孙中山先生尝自述练习演说之法：一、练姿势。身登演说台，其所具风度姿态，即须使全场有肃穆起敬之心；开口讲演，举动格式，又须使听者有安静祥和之气。最忌轻佻作态，处处出于自然，有时词旨严重，唤起听众注意，却不可故作惊人模样。予（先生自称）少时研究演说，对镜练习，至无缺点为止。二、练语气。演说如作文然，以气为主，气贯则言之长短，声之高下皆宜。说至最重要处，掷地作金石声；至平衍时，恐听者有倦意，宜旁引故事，杂以谐语，提起全场之精神。谠言奇论，一归于正，始终贯串，不得支离，动荡排阖，急徐随事。予少时在美，聆名人演说，于某人独到之处，简练而揣摩之，积久，自然

1　张越瑞：《〈现代名人演讲集〉导言》，张越瑞选辑：《现代名人演讲集》，上海：商
　　务印书馆，1937年。

成为予一人之演说。[1]

　　大凡演说学著作，无论中外，谈的最多且最实用的，一是声调，二是姿态。至于组织演说词时如何"旁引故事，杂以谐语，提起全场之精神"，以及"贵能提纲挈领，词意愈简单，人愈明瞭"[2]，那更是无数人的实战经验，至今仍屡试不爽。早年在美国观赏名人演讲，阅读演讲学方面的书籍，且对着镜子模仿练习，逐渐形成自己的演讲风格，这只是演讲家的基本训练；孙中山演说的独特魅力，技术之外，更主要的还是其革命理想契合浩浩荡荡的时代潮流。

　　1905年5月赴日的湖南籍官费生黄尊三，也是孙中山的热心听众，在其《三十年日记》中，记载了1909年4月10日现场倾听孙中山演讲的感受：

　　　　学界假神田锦辉馆开欢迎大会，届时余亦赴会。到者六七千人，无立足地。未几，先生登台，掌声如雷，先述革命经过，继言现在非革命不足以救国，滔滔而谈，精神焕发，目光四射，会场中秩序整齐，毫不凌乱，四时散会。余年来因课忙不尝赴会，兹慕先生之名，故特到会，接其颜色，聆其宏论，颇为感动。虽久立人丛中，不觉其苦，

1　《孙中山先生语录·练习演说之要点》，刘禺生撰、钱实甫点校：《世载堂杂忆》第158页，北京：中华书局，1960年。

2　《孙中山先生语录·宣传文字的运用》，刘禺生：《世载堂杂忆》第159页。

精神之作用然也。[1]

革命家不同于学问家，基本立论不变，每回激情演说，多有重复，且不无表演成分。这个时候，能博得"掌声如雷"的，不是具体的主张，而是个人声望以及现场台风。能让人慕名前来听讲，"接其颜色，聆其宏论"，这就起到了很好的宣传效果。

　　"诸君他日归国，有志于政治，即有需于演说，故为君等告之"[2]——我相信刘成禺所记，应是孙中山原话，这很符合其一生行迹与追求。作为理想型的职业革命家，孙中山的巨大成功，除了革命理想、人格魅力，还得算上这高超的演说技巧。正因演说乃孙中山提倡革命、募集经费、动员群众的主要手段，才有病中制

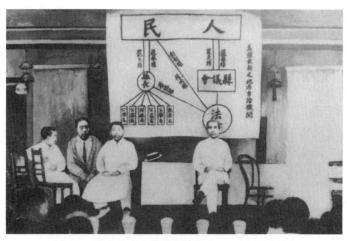

图4-4　孙中山在上海张园演说（1916年7月17日）

1　黄尊三：《三十年日记》第一册第159页，长沙：湖南印书馆，1933年。

2　刘禺生：《世载堂杂忆》第159页。

作演说唱片的神来之笔。[1] 而在录音之前半年，即1923年12月30日，孙中山在广州对国民党员发表长篇演说，强调"这次国民党改组，变更奋斗的方法，注重宣传，不注重军事"，理由是：

> 我们用已往的历史来证明，世界上的文明进步，多半是由于宣传。譬如中国的文化自何而来呢？完全是由于宣传。大家都知道中国最有名的人是孔子，他周游列国，是做什么事呢？是注重当时宣传尧、舜、禹、汤、文、武、周公之道。……今日中国的旧文化，能够和欧美的新文化并驾齐驱的原因，都是由于孔子在二千多年以前所做的宣传工夫。[2]

此次长篇演说，日后入集也有各种题目，如《宣传造成群力》（《孙中山先生最近讲演集》，广州，1924年）、《革命成功全赖宣传主义》（《孙中山选集》，人民出版社，1956年）、《国民党奋斗之法宜兼注重宣传不宜专注重军事》（《总理全书》之七《演讲》下，台北："中央"改造委员会编辑发行，1951年）、《宣传造成群力》（《孙中山选集》，人民出版社，1981年）、《改革国家是要改造人心》（《孙中山文集》，团结出版社，1997年）等。这篇讲稿篇幅很长，主旨是论证"宣传"的重要性。在孙中山看来，辛亥

1　1924年5月30日，正在广州养病的孙中山，应上海《中国晚报》的邀约，在广州南堤的小憩俱乐部，对着留声机进行演讲。此演讲被制作成三张每分78转的胶木唱片，其中包括两张国语（普通话）版，一张粤语版。

2　孙中山:《宣传造成群力》,《孙中山选集》第557页。

革命的成功，主要得益于"排满"的宣传；今天改造国家，则必须广泛传播三民主义，"所以从今天以后，要请大家注重宣传的奋斗，不要单注重兵力的奋斗"。[1]日后国共两党分裂，原本一手好牌的国民党，经过二十几年征战，最终落荒而逃，其中一个重要原因，便是宣传方面远远落后于共产党。

宣传不全是演说，但演说无疑是传播政治主张、进行社会动员的最佳手段——尤其是当年中国识字率不高、很多人无法读书看报，演说因而显得特别重要。我曾以1924年孙中山"中国的安危存亡，全在我们中国的国民睡还是醒"的演说录音为基点，往前推25年，有梁启超提倡演说的《自由书·传播文明三利器》；往后推25年，则是毛泽东在中国人民政治协商会议第一届全体会议上的开幕词《中国人民站起来了》，这让我们真切意识到，"在二十世纪中国，有一种声音是可以穿透迷雾、直达九霄的"[2]——那就是政治家五彩缤纷、铿锵有力的演说。

二、演说之乡音

所有关于演说学的著作，提及结构、思想及文采，都显得很吃力；能驾轻就熟且游刃有余的，主要是谈姿态与声音。但相对于西方演说学书籍热衷于讨论"演说的姿态及准备"，尤其是声音的发作、声音的传播、声音的强度以及呼吸的调节、喉咙的驰纵等[3]，中

1　孙中山：《宣传造成群力》，《孙中山选集》第570页。

2　陈平原：《声音的魅力》，《文汇报》2014年12月2日。

3　参见〔美〕R. D. T. Hollister《演说学》第346—364页，刘奇编译，上海：商务印书馆，1930年。

国演说家所碰到的棘手难题，是如何直面方言表达的局限性。

据黄炎培追忆，1901年出任南洋公学特班总教习时，蔡元培就着意培养学生的演说能力，"又以方言非一般人通晓，令习国语"[1]。此举很有远见，对于年轻学生来说，日后无论从政还是讲学，都必须努力超越方言隔阂。来自官话区的，尽管也有北京话、河南话、东北话、西南官话等差异，但语音、词汇、语法十分接近，沟通不太困难。而其余六大方言（粤方言、吴方言、闽方言、赣方言、湘方言、客家话）各具特色，不经专门学习，互相听不懂，根本无法对话。[2]

1917年初，蔡元培就任北大校长，就职演说中，专门谈及讲义问题；经过几年努力，1922年10月新学年开学，由北大评议会通过的征收讲义费决议付诸实施。此举使得校方与学生严重对立，学潮虽然很快被压下去了，可讲义问题并没有解决。经济利益之外，还因当年北大文科教授中，讲吴语的浙江人占绝对优势。若教授方音太严重，师生间的交流多有障碍。[3]以章太炎弟子朱希祖为例，1913年被聘为北大预科教授，担任过国文系教授、史学系

1　黄炎培：《吾师蔡孑民先生哀悼辞》，陈平原、郑勇编：《追忆蔡元培》第92页。

2　闽南人高凤谦抱怨"自出闽境，便为聋哑"，与梁启超互相欣赏，见面时"一操闽语，一操粤语，扞格不通，乃笔谈终日，自此遂为莫逆交"。参见《高凤谦致汪康年》（三），上海图书馆编《汪康年师友书札》第2册第1613页，上海：上海古籍出版社，1986年；蒋维乔《高公梦旦传》，宋应离等编《20世纪中国著名编辑出版家研究资料汇辑》第1辑第198页，开封：河南大学出版社，2005年。

3　参见陈平原《知识、技能与情怀——新文化运动时期北大国文系的文学教育》，《北京大学学报》2009年第6期及2010年第1期，又见陈平原《作为学科的文学史——文学教育的方法、途径及境界》第27—118页，北京：北京大学出版社，2016年第二版。

主任，对于创办北大史学系贡献良多；1931年底却因派系矛盾等，再次被学生驱赶，于是愤而辞职，黯然离开北大。除了学院政治，朱希祖的被逐，与他方音太重，学生听不懂有很大关系。周作人称："朱希祖是章太炎先生的弟子，在北大主讲中国文学史，但是他的海盐话很不好懂，在江苏浙江的学生还不妨事，有些北方人听到毕业还是不明白。"[1]此话当真。日本著名汉学家仓石武四郎和吉川幸次郎当年曾结伴在北大旁听，日后回忆起朱希祖之讲授中国文学史和中国史学史，不约而同都谈及其浓重的方音，后者甚至绘声绘色地讲述了北大的"排朱运动"，称起因正是"朱希祖先生马虎了事地经常拖延交出讲义，而其讲话又难于听懂"。[2]

若只是在大学教书，方音重问题还不是很大，因有课题纪律约束，听久了慢慢就会习惯。演说可就大不一样了，听众是临时聚集起来的，若五分钟还听不懂，很难再坚持下去。正因此，中国人撰写的演说学著作，好多涉及此难题，谈论"吾国方言庞杂，语音有种种的不同，演说时间，常发生困难"[3]。只因"演说的时候，宜少用方言"[4]已成共识，也有学者主张采用变通的办法。如孙起孟《演讲初步》称演讲不一定用国语，主要看听众需要："如果听众是江苏无锡人，讲者也能说无锡话，那用无锡话演讲，断然要比用

1　周作人：《知堂回想录·卯字号的名人一》，《知堂回想录》下册第403页，石家庄：河北教育出版社，2002年。

2　参见〔日〕仓石武四郎《仓石武四郎中国留学记》第233—234页，荣新江等辑注，北京：中华书局，2002年；〔日〕吉川幸次郎《我的留学记》第49—50页，钱婉约译，北京：光明日报出版社，1999年。

3　余楠秋：《演说学ABC》第64页，上海：世界书局，1929年第三版。

4　参见〔美〕R. D. T. Hollister《演说学》第234页，刘奇编译。

图4-5 实学书局，1946年

'蓝青官话'收效大得多。"[1]任毕明《演讲术·雄辩术·谈话术》谈及如何处理方言："当然，达到用国语来讲话是最好不过的，但在国语尚未普及的今日，而宣传需要，又是迫不及待的今日，我以为方言的利用，是可以而且必要的。"[2]除了黑白两端的国语与方言，其实更多的是以方言为根基来讲国语。所以，我不直接谈论方言，而是称之为"乡音"。就好像今天流行的俏皮话："天不怕地不怕，就怕广东人说普通话。"[3]关键在于，人家不是在说粤语，而是以粤

---

1 孙起孟：《演讲初步》第54页，上海/重庆：生活书店，1946年。

2 任毕明：《演讲术·雄辩术·谈话术》第17页，上海：实学书局，1946年。

3 六大方言区的人说普通话，同样面临很多困境，只是方向不太一样而已。为何单单嘲笑广东人说普通话呢？我以为这与1980年代广东先富起来，诸多影视剧及春节联欢晚会喜欢嘲笑"港腔"有直接的关系。说到底，不全是鄙视，还包含羡慕嫉妒恨。

语的思维及表达方式说普通话[1]，这才具有某种喜剧效果。

这就说到了近代中国另一个积极提倡且喜欢演说的广东人梁启超。戊戌变法失败，流亡日本的梁启超，对于世人不解"演说"乃"风气骤进"的原动力大发感慨：

> 我中国近年以来，于学校、报纸之利益，多有知之者；于演说之利益，则知者极鲜。去年湖南之南学会，京师之保国会，皆西人演说会之意也。湖南风气骤进，实赖此力，惜行之未久而遂废也。今日有志之士，仍当着力于是。[2]

这里所说的"京师之保国会"以及"湖南之南学会"，在梁启超的《戊戌政变记》中多有提及："戊戌三月，康有为、李盛铎等同谋开演说恳亲之会于北京，大集朝士及公车数百人，名其会曰'保国'"；康有为"又倡设强学会于北京，京朝士大夫集者数十人，每十日一集，集则有所演说"；南学会"会中每七日一演说，巡抚、学政率官吏临会，黄遵宪、谭嗣同、梁启超及学长□□□等，轮日演说中外大势、政治原理、行政学等，欲以激发保教爱国之热心，养成地方自治之气力"。[3]

将学校、报纸、演说并列为"传播文明三利器"，如此时尚的

1　某大员到广东任职，知道那里讲粤语，有很好的心理准备。第一次听下属汇报工作后，大大松了一口气，说看来广东话也不是很难，我都听懂两三成了。秘书只好实情相告：人家是在讲普通话。
2　梁启超：《饮冰室自由书·传播文明三利器》，《饮冰室合集·专集之二》第41页。
3　梁启超：《戊戌政变记》第三篇第二章"政变之分原因"、附录一"改革起原"、附录二"湖南广东情形"，见《饮冰室合集·专集之一》第70、126、137—138页。

晚清话语，发明权归日人犬养毅；而在三利器中突出渲染"演说"的功用，则属于梁启超的精彩发挥："大抵国民识字多者，当利用报纸；国民识字少者，当利用演说。"[1]日本人演说成风，创于明治思想家福泽谕吉；而近代中国演说风气的形成，则康梁师徒大有贡献。[2]

至于梁启超本人，目前所见最早的演说词，即1898年的《保国会演说词》，乃光绪二十四年三月初一日第二次集说。引录一段，可见其"演说"的风格：

> 呜呼，今日中国之士大夫，其心力，其议论，与三岁以前则大异。启超甲午、乙未游京师，时东警初起，和议继就，窃不自揣，日攘臂奋舌，与士大夫痛陈中国危亡朝不及夕之故，则信者十一，疑者十九。退而蠢然忧，睭然思，谓安得吾国中人人知危知亡，其必有振而救之者。[3]

意思不错，可表达方式是作文，而不是演说。若"退而蠢然忧，睭然思"，一般人不查字典都读不出来，怎么可能出现在演说现场？好在前面有一段小引性质的话："今日之会，惟诸君子过听，或以演说之事相督责。启超学识陋浅，言语朴讷，且久病初起，体气未复，无以应明命，又不敢阙焉以破会中之例，谨略述开会

1　梁启超：《饮冰室自由书·传播文明三利器》，《饮冰室合集·专集之二》第41页。

2　参见陈平原《有声的中国——"演说"与近现代中国文章变革》，《文学评论》2007年第3期。

3　梁启超：《保国会演说词》，《饮冰室合集·文集之三》第27页。

宗旨，以笔代舌，惟垂览焉。"[1]说白了，名为"演说词"，其实是文章。作者之所以"以笔代舌"，不一定是"久病初起"的缘故，还有不太能熟悉掌握国语的软肋，限制了广东大才子梁启超的口头表达。

1900年，梁启超在檀香山给妻子李蕙仙写信，其中有这么一句："吾因蕙仙得谙习官话，遂以驰骋于全国。"[2]李蕙仙（1869—1924）出生于直隶固安县，1891年与梁启超成婚。戊戌变法失败，梁启超流亡日本；四年后李东渡日本，与丈夫团聚。虽说长期的耳濡目染，妻子在学习官话方面应该是给他不小的帮助，但流亡日本时期，梁启超主要以办报及写作为业。可以这么说，演说非其所长，因此梁启超更喜欢"以笔代舌"——书斋里，挥动一枝如椽大笔，横扫千军；而不是广场上，面对千万热情洋溢的听众，慷慨陈词。一个有名的例子，1907年10月17日，梁启超发起组织的政闻社在东京神田区锦辉馆开成立大会，梁氏登台演说未毕，同盟会员张继、陶成章等人冲闹会场，造成轰动一时的政治事件。不说政治立场孰优孰劣，单就演说效果而言，力倡革命的孙中山这一派，在气势及技巧上，明显比主张立宪的梁启超等强。

要说梁启超成功的演说生涯，我倾向于从1912年归国说起。1912年11月1日梁启超给女儿的信中称："在京十二日，而赴会至十九次之多。"作为主要嘉宾，梁启超逢会必演说；"前日则各团争

1　梁启超：《保国会演说词》，《饮冰室合集·文集之三》第27页。
2　梁启超：《与蕙仙书》，丁文江、赵丰田编：《梁启超年谱长编》第252页，上海：上海人民出版社，1983年。

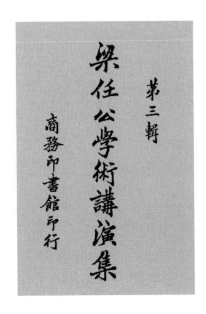

图4-6 商务印书馆，1923年

时刻，以至一日四度演说"[1]。四处出游，频繁演说，必须是有人邀请，而自己又有意愿与能力。过于频繁的演说邀请，当然也会有抱怨，但那是一种"可谓极人生之至快，亦可谓极人生之至苦"[2]。不管是苦是乐，归国后的梁启超，留下了很多精彩的演说稿。比如《梁任公先生演说集》第一集（亦称《初归国演说集》，正蒙印书局，1912年），收录其1912年10月在京赴各团体欢迎会的演说13篇；《梁任公先生最近讲演集》收录其1921年10月至12月讲演7篇，《梁任公学术讲演集》（第一、二、三辑，商务印书馆，1922—1923年），收录其1922年在各地所作演讲26篇，此外还有很多散落

1　梁启超:《与娴儿书》，丁文江、赵丰田编:《梁启超年谱长编》第657页。
2　同上书，第656页。

各报刊的演讲。

　　归国后的梁启超所发表的众多影响深远的演说，主要不是谈论时事政治，而是教育文化。这与他1919年后脱离政界，专心治学有关。这里不涉及他在清华学校的系列讲义，那些专业性很强、日后整理成书的讲义（比如《中国近三百年学术史》），属于著述而非演说。我所关注的是其面向民众的公开演讲，虽也整理成文并入集，但与其清华、南开教书的专门讲义有很大差别。比如，1922年春天，梁启超除了在清华学校讲学，4月起辗转于北京、天津、济南、南京、上海、南通等地，为各学校及社会团体做专题演讲。其中，在南开大学、东南大学暑期学校所做的系列讲演，均以"中学以上作文教学法"为题[1]。这两次系列讲演，恰好都有文章传世，那就是1936年中华书局出版的《饮冰室合集·专集》第十五册《作文教学法》，以及1925年中华书局出版的《（梁任公先生讲）中学以上作文教学法》，再加上近年发现的八页手稿，互相对照，可以呈现那些年梁启超立场及思路的演变，及其如何回应当时的学术论争。[2]

　　1920年代的梁启超登台演说，谈论学术、思想、教育、文化等，已经是游刃有余。那个时代的读者，谁都知道梁启超的文章写得好，但没想到的是，还居然这么会说话——须知不是所有文章大家都擅长演说的。随着梁启超的演说声誉日隆，许啸天辑《名人演讲集》，竟然将差不多一半篇幅给了梁启超，收录其《文

1　参见丁文江、赵丰田编《梁启超年谱长编》第949—977页。

2　参见陈平原《八十年前的中学国文教育之争》，《中华读书报》2002年8月7日。

史学家的性格及其预备》《学问之趣味》《中国近三百年学术史》
《实践实用主义的颜李学》，下面才轮到胡适、章太炎、张君劢、
汪精卫等。商务印书馆1937年版《现代名人演讲集》收文八篇，
其他人各一篇，唯独梁启超有两篇——《情圣杜甫》与《科学精
神与东西文化》。编者在该书《导言》中称："演说在中国文学史
上不占一个部门。中国人素来只讲究谈话，不讲究演说；只长于
和少数人交谈，不长于在大庭广众中演说，所以几千年来我们不
曾产生一个伟大的演说家。"或许在编者眼中，梁启超比较接近其
心目中"伟大的演说家"。

梁启超的演说大都贴近听众，不故作高深，肯说平常话，讲
逻辑，重感情，这与他的文章风格倒是一脉相承。若《学问之趣
味》《为学与做人》《美术与生活》等，直到今天，都还可以进入
中学语文课本。须知，天下好文章很多，但要找到适合中学生阅
读与模仿，具备高等常识且趣味雅正的演说，还真不容易。

这里说的是已经入集、转化成文字的"声音"，那演说现场
呢？上述诸多演讲，都不在两广或港澳，梁启超只能操着带明显
新会口音的官话，那样效果会好吗？

先引两个不太以为然的。北京师范大学学生、日后成为著名
学者的梁容若，最初是在北京高师国文学会听梁启超演说。"他的
广东官话对于我们很生疏，所讲的问题，事前又没有预备知识"，
实在听不懂，于是"当晚在日记里写'见面不如闻名，听讲不如
读书'"[1]。不过，作者还是做了解释，当年北京城里大学文科教授浙

---

[1]　梁容若：《梁任公先生印象记》，夏晓虹编：《追忆梁启超》第339—340页，北京：
中国广播电视出版社，1997年。

江籍的居多，学生们于是练就听浙江方言的本事；至于广东籍的，只有梁启超和黄晦闻（节）。后者讲六朝诗，印有详细讲义，问题不大；感到困难的是听激情洋溢的任公先生讲演，很少人能完整记下来。

先是私淑弟子，后又考入清华国学研究院，追随梁师读书的杨鸿烈，在《回忆梁启超先生》中，是这样谈论梁启超的讲演的：

> 长期以来，梁氏虽为众所公认的一代作家，但在说话的时候，虽非蹇缓口吃，却很缺乏流利明白的口才，他在讲演的时候有时只闻"啊啊"的声音，即表示其词不达意。……事实上，全国大多数听众都以不能完全明了他的西南官话为憾。尤其在华北方面，如一生最崇敬他的前北京高等师范学校教务主任兼史学教授王桐龄氏，凡有梁氏的讲演，几乎风雨无阻，每次必到，但总是乘兴而往，快快而归。问其所以，总是自认对于讲词的某段某节，竟完全听不明白，其他人士，十有五六，亦均抱同感。[1]

首先，梁启超说的不是"西南官话"，而是有浓厚粤语特色的官话。其次，中间省略部分引录王照关于戊戌变法时梁启超不会讲官话，导致与光绪君臣间相对无言，其真实性大可怀疑。至于任公先生讲话有浓厚乡音，北方听众听不太懂，我想是真的。

可即便如此，我还是要为梁启超的演说叫好。口音不标准，

1　杨鸿烈：《回忆梁启超先生》，夏晓虹编：《追忆梁启超》第287页。

确实会影响听众接受；但若有恰当的形体动作，加上演说时饱含感情，依然会很有感染力的。在《记梁任公先生的一次演讲》中，梁实秋回忆1922年梁启超在清华讲演《中国韵文里头所表示的情感》：

> 先生的讲演，到紧张处，便成为表演。他真是手之舞之足之蹈之，有时掩面，有时顿足，有时狂笑，有时太息。听他讲到他最喜爱的《桃花扇》，讲到"高皇帝，在九天，不管……"那一段，他悲从中来，竟痛哭流涕而不能自已。[1]

在另一则短文里，梁实秋将同在台下听讲的梁思成也拉扯上，场面更为生动：

> 他讲得认真吃力，渴了便喝一口水，掏出大块毛巾揩脸上的汗，不时的呼喊他坐在前排的儿子："思成，黑板擦擦！"梁思成便跳上台去把黑板擦干净。每次钟响，他讲不完，总要拖几分钟，然后他于掌声雷动中大摇大摆的徐徐步出教室。听众守在座位上，没有一个人敢先离席。[2]

这两段文字实在太精彩，以至于你不忍心追问是否是作家的

1　梁实秋：《记梁任公先生的一次演讲》，夏晓虹编：《追忆梁启超》第312页。

2　梁实秋：《听梁任公讲演》，（香港）《大成》第130期，1984年9月。

妙笔生花，乃至有些夸张变形。梁启超讲演时很认真，感情很投入，效果不错，这点我相信；略感疑惑的是，梁实秋为任公先生浓重的乡音辩解，是否有点过分："他的广东官话是很够标准的，距离国语甚远，但是他的声音沉着而有力，有时又是宏亮而激亢，所以我们还是能听懂他的每一个字，我们甚至想如果他说标准国语其效果可能反要差一些。"[1]所谓听不明白，既可能因讲者乡音太重，也可能因听众知识不够，比如梁容若就承认那天梁启超的讲题是"清初五大师"，而"这时我对于黄梨洲、王船山、顾亭林、李二曲、朱舜水等的书和传记全没有读过"[2]。若是后者为主，则只能怨听众自己。自称"能听懂他的每一个字"，梁实秋除了爱屋及乌，再就是对于出生在北京的他来说，字正腔圆的官话一点都不稀罕，反而觉得梁启超的广东官话很有味道，且与其形象十分吻合，改为标准国语演说，效果反而不佳。[3]

　　对于熟悉（或希望熟悉）的人物，你记得的不仅是其思想立场、言谈举止、音容笑貌，连口音也密不可分。所谓某人的语言表达方式，撰文与说话不同，后者更多牵涉乡音。同一个意思，用粤语、吴语或官话说出来，效果很可能天差地别。这一点，影视剧制作者特别敏感。二十世纪八九十年代，因此前的电视新闻及纪录片做了大量铺垫，中国民众对毛泽东、邓小平等中共领袖的声音有记忆，于是更愿意接受他们在银幕及荧屏上讲经过改良

1　梁实秋：《记梁任公先生的一次演讲》，夏晓虹编：《追忆梁启超》第311页。

2　梁容若：《梁任公先生印象记》，夏晓虹编：《追忆梁启超》第339—340页。

3　参见陈平原《学术讲演与白话文学——1922年的"风景"》，初刊《现代中国》第三辑，收入《现代中国的述学文体》。

的方言或方言腔的普通话。[1]

　　为推广普通话，广电总局曾三令五申，要求电视剧使用规范语言："除地方戏曲片外，应以普通话为主，一般情况下不得使用方言和不标准的普通话；重大革命和历史题材电视剧、少儿题材电视剧以及宣传教育专题电视片等一律要使用普通话；电视剧中出现的领袖人物的语言要使用普通话。"[2]这最后一条目前正在落实，但对于很多年长的观众来说，让毛泽东讲"标准国语"，感情上还是不太能接受。而且，邓小平那种简短有力的表达方式，必须配合其西南官话，方才显得魅力十足；改为字正腔圆的普通话，反而不够味道——这就好像梁实秋特别能欣赏梁启超的广东官话一样。随着时间流逝，后面的世代对于毛、邓的声音没有记忆，影视剧里爱怎么说就怎么说（就好像今人不会计较影视剧里李白、杜甫或乾隆皇帝的声音）。不过，演说不一样，因其属于当下，现场听众的反应最为直接，也最要紧。只要演说内容足够精彩，大致听得懂就行了，并不苛求官话发音标准。这对于梁启超等来自方言区的演说家来说，无疑是极大的"利好消息"。

三、演说之变奏

　　1904年，秋瑾撰《演说的好处》，称报纸之外，"开化人的知识，感化人的心思，非演说不可"。论证过演说的五大好处，秋瑾称：

1　参见陈平原《如何谈论"故乡"》，《南方都市报》2019年3月20日。

2　《广电总局新闻发言人：将加大电视剧语言审查力度》，中央政府门户网站www.gov.cn/gzdt/2009-07/16/content_1367227.htm，2009年7月16日。

如今我国在日本的留学生，晓得演说的要紧，所以立
了一个演说练习会，又把演说的话刻了出来，把大家看了，
可以晓得些世界上的世情、学界上的学说。唉！列位不要
把这个演说会看轻了，唤醒国民开化知识，就可以算得这
个演说会开端的了。[1]

十三年后，李大钊在1917年4月8日《甲寅》日刊发表《讲演
会之必要》，称："今日为神州学会第一次特别讲演大会，记者不
敏，忝为会员中之一人，愿于本报乞得余白，以略论讲演会之必
要。"这演说的四大优点，包括："讲演会之效力，非部分的，乃普
及的也"；"讲演会之效力，非机械的，乃活用的也"；"讲演会之效
力，非专门的，乃常识的也"；"讲演会之效力，非固定的，乃应
时的也"[2]。不管是"四大优点"还是"五大好处"，在录音及网络
普及之前，除了现场听众，演说若想在时空上传之久远，必须将
"声音"转化为"文字"，且借助报刊或书局的翅膀。

极少人（或者说几乎没有）演说时，真的出口成章，且不留
任何瑕疵——除非事先拟稿并练习。好的演说，除了扣紧讲题，
还得不时与听众互动，记录下来，一般都会有重复或缺漏。句子
不太完整，现场倾听没问题，不会误解，且很受感动；需要转化
成文字并公开发表，那时再删改、修补或加注。录音录像的普及

1　秋瑾：《演说的好处》，初刊《白话》杂志第1期，1904年9月；后载《神州女报》第
　　1期，1907年12月；另见《秋瑾集》第3—4页，上海：上海古籍出版社，1979年。
2　李大钊：《讲演会之必要》，中国李大钊研究会编注：《李大钊文集》第二卷第94—
　　95页，北京：人民出版社，1999年。

以及上传网络的方便，让政治人物的演说变得日益拘谨。变革年代的政治演说，激情四射，现场效果很好，不会有人追究你的语法毛病；保守年代的施政报告，讲究的是政治正确，深恐脱稿演说或离题发挥被误解或曲解，造成不可挽回的损失，于是字斟句酌，套话连篇。现实生活中，不是所有声音都必须/值得保留或传播的；"演说"之所以能传之久远，校订整理是关键的一环。

晚清传入的速记法，确实为演说之由声音转为文字提供了很大方便；但像梁启超《新中国未来记》第一回所描述的"一面速记，一面逐字打电报交与横滨新小说社登刊"[1]，那是不可能的。这中间还有好多陷阱——即便速记员训练有素，还有口音差异，以及话题的专业性等。另外，现场这么说，整理成文，演说者未必愿意照单全收。尤其是政治家的演说，临时发挥可能出错（史实或数据），完全可以调整过来；还有发表时机的选择，更是蕴涵着政治策略与修辞技巧。孙中山1924年3月30日所撰《自序》，让我们明白其代表作《三民主义》的生产过程："兹值国民党改组，同志决心从事攻心之奋斗，亟需三民主义之奥义、五权宪法之要旨为宣传之资，故于每星期演讲一次，由黄昌谷君笔记之，由邹鲁君读校之。"[2]邹鲁1905年加入同盟会，长期追随孙中山，时任国民党中央执行委员，正负责筹备国立广东大学（即日后的中山大学），可见其"读校"非同寻常。一般认为，毛泽东的名文《在延安文艺座谈会上的讲话》有三个主要版本：1942年5月七七出版

1　饮冰室主人：《新中国未来记》第一回，《新小说》第一号，1902年11月。
2　孙中山：《三民主义·〈民族主义〉自序》，《孙中山选集》第615—616页。

图4-7　毛泽东在延安市民大会演讲（刊于《新生画刊》1938年第1期）

社印行的速记本、1943年10月19日《解放日报》刊发的整理本、1951年2月至4月毛泽东在整理本的基础上修订，共改了670余处，收入1953年5月出版的《毛泽东选集》第三卷。整理本是毛泽东的秘书胡乔木协助做的，据说毛"对整理稿表示满意"，可正式发表前，还是在《解放日报》校样上做了若干修改。专家们对毛泽东如何修改此声名远扬的讲话稿有各种描述与解读[1]，我只想说一句：速记只是辅助手段，除了演说者本人、底稿起草人（假如有的话）、校订整理者以及发表/传播的过程，都值得关注。相对来说，学者演说的速记与整理者，发挥的作用更大些，也更容易得到致

---

[1] 参见金宏宇《〈在延安文艺座谈会上的讲话〉版本研究》，《中国现代文学研究丛刊》2005年第6期；刘增杰《〈在延安文艺座谈会上的讲话〉版本考释》，《新文学史料》2013年第3期。

谢。比如 1922 年商务印书馆初版的《东西文化及其哲学》，封面署"梁漱溟讲演，陈政、罗常培编录"；1934 年北平人文书店订正三版《中国新文学的源流》，扉页署的是"周作人讲校、邓恭三记录"，而且两位作者（演说者）都在序言中大大表扬了记录者。

　　古代文人替上司撰文，日后是可以标明代某大吏作，堂而皇之入集的；现代秘书则没有这个权力，即便都是其写的，也属于"职务写作"，无论思想、言论还是版权，都属于首长。因此，当我们谈论某位身居高位的政治家的演说稿时，即便明知是其秘书所撰，也都不做辨析。比如，蒋介石乃一介武夫，可因地位崇高，国民党宣传部很早就开始编印《蒋中正演讲录》（三民出版部，1926 年 11 月三版）；二十世纪二三十年代诸多编译的演说学著作，需附录若干中外名人演说词时，也常会有蒋介石的作品。[1]

　　这里暂不从著作权角度，计较那些由秘书代拟而主公宣读的演说（如今已是常态）；而是辨析若干"演说之变奏"——名为演说，或未曾登台，或事后追忆，或移花接木。并非质疑"变奏"的真实性与合理性，而是想说明"演说"这一行为／文体本身的复杂性。

　　1921 年 6 月，在白话文运动取得决定性胜利的关键时刻，上海泰东图书局为了蹭热度，适时推出《章太炎的白话文》，书前称："太炎先生是中国文学界的泰斗，这是谁也知道的，并且谁也乐意承认的。不过他著的书，往往因说理太深，又用的是'老气横秋'

---

[1]　如李寓一编《讲演法的研究》（现代书局，1928 年），郝理思特著、刘奇编译《演说学》（商务印书馆，1930 年）都选录了一篇蒋介石演说作为"范文"。

的文言，初学的人，看了总觉得不大舒服。因此便自然发生一种要求：就是，怎样能直接听他的讲？好了！有了！你们的唯一讲义，就是这本书。"[1] 不交代书中各文初刊《教育今语杂志》，也未做真伪分辨，径直将其断为国学大师章太炎的"唯一讲义"，出版人张静庐的这一番神操作，对日后影响很大。

1972年，台北的艺文印书馆重刊《章太炎的白话文》，编者的"出版说明"对书中各文的来历及其真伪同样未做任何分辨，直接称此乃"《民报》被禁后，先生闲处东京时对留学生讲学之纪录"[2]，甚至配上太炎先生在东京留学生欢迎会上的演说辞（编者为其拟题"我的平生与办事方法"）。1978年出版的《章太炎年谱长编》，第一次认真对待这一著作权之争。作者汤志钧先引萧一山的辨伪，而后加上按语："萧一山所载有误。《章太炎的白话文》为章氏在日本讲学时的演说录，曾载《教育今语杂志》。"[3]

《章太炎的白话文》一书的编者，对书中各文的来龙去脉其实不甚了然，可单凭直觉，便果敢地将这些与太炎先生平日著述风格迥异的文章，与"讲义"挂起钩来。《编者短言》所说的"怎样能直接听他的讲"，以及"你们的唯一讲义，就是这本书"等，虽系广告语，却也不无几分道理。比如，《留学的目的和方法》原题"庚戌会衍说录"，《教育今语杂志》第四册在刊发这则"代社说"时，有编者庭坚的附记："这一篇社说，本是中国各省留学日本高等师范学校学生，请独角先生去演说，所录下来的演说稿。"书中

1　吴齐仁：《编者短言》，《章太炎的白话文》，上海：泰东图书局，1921年版。

2　参见1972年台北艺文印书馆刊《章太炎的白话文》的"出版说明"。

3　汤志钧：《章太炎年谱长编》下册第622页，北京：中华书局，1979年。

其余六文，生产过程不同，也都以潜在的"听众"为对象。文章使用白话，随意穿插，借题发挥，与章太炎平日著述谨严大异其趣，倒是与其讲课之生动活泼十分吻合。

章太炎带有演说风的文章，有可能是事先准备的演讲稿（如《东京留学生欢迎会演说辞》），也有可能是演讲的记录稿（如即席发挥、博得众多"大拍掌"的《民报一周年纪念会演说辞》）[1]，更有可能是书斋里一挥而就的"拟演讲稿"[2]。《章太炎的白话文》里不少篇章，便有这种痕迹。最明显的，当属涉及"那边父兄子弟"的《中国文化的根源和近代学问的发达》，还有知识点相当密集且加了不少注释的《教育的根本要从自国自心发出来》。这就说到刊登这些文章的《教育今语杂志》。此杂志创办于1910年，共出版六册，之所以用白话写作，因目标读者是南洋各地的失学青年，传播国学知识的同时，宣传排满与革命。这样才能理解，章太炎为何愿意放下国学大师的身段，为远隔千山万水的青年讲述"经的大意"或"常识与教育"。如此远程模拟演说，不仅是一种政治行为，更促成了某种新文体——"拟演讲稿"的出现，提醒我们注意现代书面语产生的另一途径。

鲁迅平生演讲，查有明确记载的达50多次，可收入《鲁迅全集》的只有16篇，不全是遗失，许多是作者自愿放弃——或因记

1　此文作为演说记录稿，作者生前不曾入集；同时发表的《民报一周年纪念会祝辞》，则作为"文章"，堂而皇之地进入《太炎文录初编》。

2　参见陈平原《学问该如何表述——以〈章太炎的白话文〉为中心》，《现代中国》第二辑，武汉：湖北教育出版社，2002年；收入《触摸历史与进入五四》第157—206页，北京：北京大学出版社，2005年。

录稿不够真切，或因与相关文章重复。因此，关于鲁迅的演说是否编入《鲁迅全集》，学界态度谨慎，生怕处置不当，有违作者本意。这里以鲁迅的广州演说为例。据鲁迅日记，1927年1月25日"下午往中大学生会欢迎会演说约二十分钟毕，赴茶会"。而林霖记《鲁迅先生的演说——在中山大学学生会欢迎会席上》，初刊1927年1月27日广州《民国日报》副刊《现代青年》第26期及2月7日、8日《民国日报》，又载《国立中山大学校报》第11期（1927年5月9日），钟敬文将其收入《鲁迅在广东》（北新书局，1927年）。鲁迅1934年12月11日《致杨霁云》提及："钟敬文编的书里的三篇演说，请不要收进去，记的太失真，我自己并未改正，他们乱编进去的，这事我当于自序中说明。"[1]此后第九天（1934年12月20日），鲁迅撰《集外集·序言》，其中的表态不仅针对这一篇失实的记录稿，更是具有理论意义，起码提醒我们对于声音与文字的差距，要有充分的体认：

　　只有几篇讲演，是现在故意删去的。我曾经能讲书，却不善于讲演，这已经是大可不必保存的了。而记录的人，或者为了方音的不同，听不很懂，于是漏落，错误；或者为了意见的不同，取舍因而不确，我以为要紧的，他并不记录，遇到空话，却详详细细记了一大通；有些则简直好像是恶意的捏造，意思和我所说的正是相反的。凡这些，我只好当作记录者自己的创作，都将它由我这

1　《致杨霁云》，《鲁迅全集》第十二卷第596页，北京：人民文学出版社，1981年。

里删掉。[1]

　　1932年"北平五讲"，也有类似的故事。已成为一代文豪的鲁迅，北上探亲，顺便应邀在北京大学演讲。其中"帮忙文学与帮闲文学"一讲，鲁迅开始说"记得很不确，不能用"，但"帮闲文学实在是一种紧要的研究，那时烦忙，原想回上海后再记一遍的，不料回沪后也一直没有做，现在是情随事迁，做的意思都不起来了"；后来改变了主意，"只留较好的上半篇"，修订后入《集外集拾遗》。[2]那篇初刊1932年12月17日天津《电影与文艺》创刊号、1933年1月《论语》第八期转载的《帮忙文学与帮闲文学——鲁迅先生北大讲演记录》（柯桑记），前有叙述文字，描述鲁迅演讲的情状："矮个子，头部与全身不成一个得意的比例。面孔是茶色的，胡子长得很硬，一看就会使人知道他的脸是骨支持着，不平常的具有棱形"；"走上台来，态度是沉着的，告诉人的是说不出，不愿说的神气。回过头来，找着粉笔往墨板上写'帮忙文学和帮闲文学'几个字，下面激起一阵笑声。于是，带着绍兴语气的演说开始。"下面的演说有引号，日后六成被鲁迅改订入集，四成则被删去。最后还有两段描写鲁迅演讲结束，公众围着他，他开始抽烟，以及第二天的演讲等。其中有这么一句："我不信我不会错，但自信不会太多。他的绍兴调的官话我还懂。"[3]此等文字，鲁迅不

1　《〈集外集〉序言》，《鲁迅全集》第七卷第5页。

2　参见《致杨霁云》，《鲁迅全集》第十二卷第602—603、614页。

3　柯桑文见《鲁迅演讲资料钩沉》第159—163页；另一篇刊1932年11月23日《世界日报》的《帮忙文学与帮闲文学——鲁迅昨日在北大之讲演》，更加不合适。参见朱金顺辑录《鲁迅演讲资料钩沉》第157—165页，长沙：湖南人民出版社，1980年。

图4-8　　1932年11月鲁迅在北平师范大学演讲
（《中华月报》1934年第2卷第1期）

太喜欢，这才有1934年12月23日《致杨霁云》："别一篇《帮忙文
学……》，并不如记者所自言之可靠，到后半，简直连我自己也不
懂了，因此删去。"[1]今人编《鲁迅佚文全集》（刘运峰编，群言出版
社，2004年），不顾作者本人意见，将那些鲁迅认定应删去的演说

---

[1] 《致杨霁云》，《鲁迅全集》第十二卷第614页。

记录稿全文收录，我以为不妥。[1]

　　演说是否成文且公开发表，我认为应尊重作者本人意见。可以讲了不发表，也可以没讲但发表，还可以是讲了但另外撰写成文。这里的关键是，允许现场"演说"与标明为演说稿的"文章"以声音/文字形式各自拥有版权。当作者授权刊发真真假假的演说时，读者是将其作为独立的作品看待的。某种意义上，刊登在报刊上的"演说"，俨然已成为一种独立的文体。

　　1930年中国左翼作家联盟成立，是现代中国史上的一件大事；鲁迅在左联成立大会上演说，对于后人理解中国知识分子的心路历程，以及解读文人与革命之关系，十分关键。比如以下鲁迅预言，便常被研究者引用："倘若不和实际的社会斗争接触，单关在玻璃窗内做文章，研究问题，那是无论怎样的激烈，'左'，都是容易办到的；然而一碰到实际，便即刻要撞碎了"；"革命是痛苦，其中也必然混有污秽和血，决不是如诗人所想像的那般有趣，那般完美"；"以为诗人或文学家高于一切人，他底工作比一切工作都高贵，也是不正确的观念"。[2] 可这篇收入《二心集》的《对于左翼作家联盟的意见——三月二日在左翼作家联盟成立大会讲》，虽然标题显豁，且言之凿凿，其实不是真正的演讲记录稿。

　　此文初刊1930年4月1日《萌芽月刊》第1卷第4期，署王黎民记录，实则是冯雪峰追记，经鲁迅改订后发表的。1973年9月11日，冯雪峰给鲁迅研究专家薛绥之写信，谈及此事的来龙去脉：

1　参见朱金顺《〈鲁迅佚文全集〉略评》，《鲁迅研究月刊》2002年第1期。

2　鲁迅：《对于左翼作家联盟的意见》，《鲁迅全集》第四卷第233、233、234页。

　　鲁迅先生在左联成立大会上的讲话，当天，没有布置做
记录，因为在秘密环境中开会。我个人当天也没有做记录，
这是过了三、四天后我凭记忆追记的，其中有些话在大会上
未说过，是他平日谈话时说的，鲁迅先生同意补充进去，于
是也就插记进去。鲁迅先生自己看过，改过几个地方。[1]

　　据冯雪峰回忆，"鲁迅在左联成立大会上发表这讲话的当天，
到会的人中就有不重视和抵触的现象"，于是才有此戏剧性的变
化，不但追记，还插进了"在大会上未讲过，但平日与我谈话时
说过"的。至于记录者"王黎民"，子虚乌有，那是冯雪峰随便编
的名字。[2] 考虑到当年冯雪峰与鲁迅的密切关系，加上此文刊出与
入集都在鲁迅生前，这个半虚半实的"演说记录稿"，是可以认作
鲁迅本人著述的。

　　比起章太炎为《教育今语杂志》撰写"拟演讲稿"、鲁迅让冯
雪峰追记其在左联成立大会上的讲话，更具戏剧性的是蒋介石的
"庐山谈话"。蒋介石本人并不擅长演说，但此文是例外。在所有
蒋介石演说中，此文最为精彩，也最重要。所谓"如果战端一开，

1　《冯雪峰致薛绥之的信》（1973年9月—1975年10月），《新文学史料》第五辑第221
　　页，1979年11月。

2　"例如我记得会后就听到有几个人说过这类意思的话：'鲁迅说的还是这些话。'这
　　些人说这类话的意思，在当时的情况之下，显然反映了二种态度，一是因为鲁迅
　　对于创造社、太阳社以及其他小资产阶级知识分子还是有所批评，对于一些问题
　　还是坚持他自己的看法，认为鲁迅仍然'没有改变'；这种态度显然以为应该改
　　变的倒是鲁迅，而不是他们自己。二是以为鲁迅说的话，也是'老生常谈'，不
　　足重视。"见冯夏熊《冯雪峰谈左联》，初刊《新文学史料》第六辑，1980年2月；
　　又见马蹄疾《鲁迅讲演考》第377—378页，哈尔滨：黑龙江人民出版社，1981年。

那就是地无分南北，年无分老幼，无论何人，皆有守土抗战之责任”一说，很快成为脍炙人口、广为流传的抗战名言，日后在各种书籍及银幕（荧屏）中出现。

1937年12月上海的生活书店刊行“救亡文丛”，第一批共五种。《抗战到底》收录蒋介石十一则演说或答问，另有附录七文。此书开篇就是《芦沟桥事件的意义——二十六年七月十七日在庐山谈话会讲》（第1—7页）。将其与《中央日报》初刊本校勘，个别地方略有出入[1]，但可忽略不计。1956年台北的正中书局等刊行蒋介石言论汇编共24册，其中卷八至卷二十为演讲，占了一半以上篇幅。卷十三第1至4页为《对于卢沟桥事件之严正表示》，注明“中华民国二十六年七月十七日出席庐山第二次共同谈话会讲”，省去开篇的“各位先生”，中间词句、段落及标点略有变更，但同样无大碍。反而是常被提及的《中央日报》刊《最后关头》，标题不对，只因文中多次出现“最后关头”，故时人有此记忆。

此文最初刊《中央日报》1937年7月20日第一张第三版，题为“蒋在庐山谈话会席上阐明政府外交立场”，二级标题“卢事能否结束是最后关头境界　希望和平解决但固守我方立场”，以通讯的形式发出，而非头版头条的严正声明。开篇“中央社牯岭十九日电　蒋委员长十七日在庐山谈话会第二次谈话时，对卢沟桥事件有所报告，兹记其演词全文如下”云云，下面才是正式的“拟演讲稿”。“诸位关心国难，对此事件，当然是特别关切，兹将关于

1　如“我们还是希望（和平的，希望）由和平的外交方法，（原刊无标点）求得卢案（事）的解决。”

此事件之几点要义，为诸君坦白说明之"，接着是第一、第二、第三、第四，最后表明政府的严正立场及抗战决心：

> 总之，政府对于卢沟桥事件，已确定始终一贯的方针和立场，且必以全力固守这个立场。我们希望和平，而不求苟安，准备应战，而决不求战。我们知道全国应战以后之局势，就只有牺牲到底，无丝毫侥幸求免之理。如果战端一开，即就是地无分南北，年无分老幼，无论何人，皆有守土抗战之责任，皆应抱定牺牲一切之决心。所以政府必特别谨慎，以临此大事。全国国民亦必须严肃沉着，准备自卫，在此安危绝续之交，唯赖举国一致，服从纪律，严守秩序。希望各位回到各地，将此意转达于社会，俾咸能明瞭局势，效忠国家，这是兄弟所恳切期望的。

此文当初影响极大，后世流传甚广，但并非真正"在庐山谈话会席上"演说，而是诸多谋士为蒋介石代拟的公告。

庐山谈话会是真的，谈话也是有的，但并非此文告。国民政府为共商抗日大计，于1937年7月15日至20日在江西庐山召集各党各派代表、社会名流、知名教授158人举行谈话会。17日，谈话会举行第二次会议讨论外交问题，蒋介石以行政院长的身份出席并对卢沟桥事变发表重要谈话。一般认为，《中央日报》发表的应该就是此讲稿或实录，其实不对。《中央日报》授权发表的这一"阐明政府外交立场"的谈话，原本为"告国民书"。此文稿最初由蒋介石文胆陈布雷起草，不合适，再由《中央日报》社社长程沧波代为起草，然后经陈布雷、周佛海、汪精卫、张群等参与意见，最后由陈布雷斟酌定稿。[1]

　　将最初设想的"宣言稿"或"告国民书"，改为"谈话式"，目的是降低调门，保留回旋余地——虽然此时实际上已退无可退。应该说，此"拟演说稿"表明了捍卫国家主权和抵抗侵略的严正立场，立场坚定，文采斐然，真正影响了历史进程。

　　文稿虽系秘书代拟，但主公意志还是起决定作用的。查蒋介石1937年7月8日至19日日记，从最初谋划既"积极运兵，北进备战"，又"非至万不得已，不宜宣战"；到开始"拟宣言稿"，后又决定"改告国民书为谈话式"，斟酌再三的是："告国民书发表后之影响，是否因此引起战争？"终于"此意既定，无论安危成败，在所不计"[2]；可最后关头，蒋介石还是基于战略上的考虑，改为以"庐山谈话"名义发表。不是"文告"而是"谈话"，口吻及语调都得重新调整，既要义正词严，表达"一意应战，不再作回旋之想矣"，但又保留一定的弹性，不过分刺激国际舆论。须知中日两国打了那么多年仗，迟至1941年12月9日，也就是太平洋战争爆发第三天，国民政府才正式发布文告，向日、德、意宣战。

　　作为"演说之变奏"，上述三个"拟演说"，章太炎是个人选择，鲁迅背后有共产党在建议或指挥[3]，蒋介石则代表整个国家机

1　参见《陈布雷回忆录》第91—94页，北京：团结出版社，2016年；杨者圣《国民党"军机大臣"陈布雷》第233—238页，上海：上海人民出版社，1999年。

2　曾景忠编注：《蒋介石家书日记文墨选录》第264—269页，北京：团结出版社，2010年；陈益民编著：《七七事变真相》第114—117页，南京：江苏人民出版社，2017年。

3　"左联"酝酿及运作期间，冯雪峰与鲁迅密切接触，双方都明白，并非只是个人情谊，冯代表的是中国共产党。参见冯雪峰《一九二八年至一九三六年的鲁迅：冯雪峰回忆鲁迅全编》第244—258页，上海：上海文化出版社，2009年。

器。政治家发表演说或文章，更多是基于政治立场及策略选择，在整个酝酿及生产过程中，文体不是主要考虑因素。但在日后漫长的传播途中，此演说或文章之得失成败，表达是否得体，语言有无魅力，还是起很大作用的。那个蕴藏在政治家身后的庞大的幕僚/秘书班子，其政治智慧、文体感觉以及运作方式，直到今天，还没有得到学界的充分关注。

四、演说之危险

留日学生袁泽民编有学习演说的入门书《演说》，区区98页，简明扼要，流传甚广，商务印书馆1917年2月初版，1928年1月印行了第十一版。此书《自序》是这样描述演说的功用的：

> 上可以应援政府，指导政府，监督政府；下可以警醒社会，开通社会，改良社会。小可以结合志意之团体，大可以造就世界之舆论，利益之处，不可胜言。[1]

如此立论，未免过于理想化了。借演说"开通社会"没问题，用演说"监督政府"可就不好说了，自身有无勇气，对方是否有雅量，决定了此等涉及政治的"演说"所能达到的极限。

同样是演说，官员训话理直气壮，学者讲学一般也不会有问题，至于脱离政府控制的群众集会（尤其是干政），则很容易被查

---

1 袁泽民：《〈演说〉自序》，《演说》，上海：商务印书馆，1917年。

图4-9 生活书店，1946年

禁。大家都承认"五四"运动为"我通俗演讲史上之一大变革"，可那种"群起举行露天演讲，唤起民众"，其实不被执政者接纳，这决定了国民政府定都南京后，加强了对于演说的引导与掌控。[1]全面抗战开始，需广泛动员民众，"说话的禁忌"方才逐渐被打破。1946年孙起孟出版《演讲初步》，谈及"抗战带来了说话的解放，而说话的解放对于抗战也起了很大的作用"，其中有这么一段：

> 我们只要想一想茶馆酒楼里贴着"莫谈国事"条子的时候是怎样一番光景，现在乡村角落里都有时事演讲或是

---

1 参见吕海澜编著《通俗演讲》第13—19页，上海：商务印书馆，1937年。

宣传队的足迹时，又是怎样一番光景，便可恍然了。[1]

总的来说，20世纪中国，言论自由并未真正落实，除了若干特殊时期，脱离政府控制的大规模群众集会及政治演说，对当事人来说，是有危险性的。

当朝野激烈对抗时，持反抗立场者，其组织群众集会与发表政治演说，受到严格管控。即便梁启超等视为榜样的日本明治维新，有忧国志士发表演说，做狮子吼状的壮举，也就有警察解散集会，引起听众骚动的尴尬。[2]这点中外皆然，差异仅在于镇压手段及惨烈程度。毕业于日本早稻田大学政治本科的李大钊，1916年回国，加盟《甲寅》，主编《晨钟》，积极参与政治活动，当年在《晨钟》报上发表《政谭演说会之必要》，阐述政治演说的魅力与危险：

> 入日本政治演说之场，犹恍闻"板垣虽死自由不死"之声；登美国政治演说之堂，犹恍见前总统罗斯福氏之血。盖于稠人广众之中，公布其主张，以求舆论之同情，乃政治家之天经地义，虽刀锯在前，鼎镬在后，有所不顾。[3]

日本明治维新的功臣之一板垣退助（1837—1919），以自由民

1　孙起孟：《演讲初步》第3—4页。

2　参见〔日〕宫本外骨《明治演说史》第143、157页，东京：有限社，1926年。

3　守常：《政谭演说会之必要》，《晨钟》1916年8月30日；又见《李大钊全集》第二卷第378页，石家庄：河北教育出版社，1999年。

图4-10　《明治演说史》插图

权运动主导者著称，1882年在岐阜演说时遭人刺杀，曾大喊"板垣虽死，自由不灭"。美国第26任总统西奥多·罗斯福（1858—1919），先因总统被刺而继位，后于下次大选中获胜连任，是首位获得诺贝尔和平奖的美国人，且撰有若干史学著作，此君1912年10月24日在威斯康星州的一次促选活动中被刺，拒绝马上入院治疗，而是坚持完成了90分钟的演说。这两位政治家均在演说时遇刺，好在都大难不死。李大钊以此为例，说明政治家在大庭广众中宣讲自家的政治主张，就得有"虽刀锯在前，鼎镬在后，有所不顾"的精神。

　　李大钊1918年接替章士钊出任北大图书馆馆长，从此有了更为开阔的舞台。1920年3月31日在京组织成立马克思学说研究会，此举对于中国共产党的创建起重要作用。作为北大教授，李大钊虽然也在上海、武汉等地学校演说，但主要活动还是在北京："根据现有的不完全的资料，李大钊在1920—1925年不到五年时间里，先后在北京大学政治学系、史学系、经济系，以及在北京女子高等师范、北京师范大学、北京朝阴（阳）大学、中国大学等校开设了'社会主义史'、'社会立法'、'社会主义与社会运动'、'唯物史观'、'史学思想史'等课程和'现代普选运动'、'各国的妇女参政运动'、'工人的国际运动'、'印度问题'、'人种问题'、'社会学'、'关于图书馆的研究'等讲座或讲演。"[1]与自然科学家或人文学者不同，政治学教授的演说，不仅是在介绍相关学科知识，更可能借以表达自家政治立场。"五四"运动前后活跃在北京学界与政界的李大钊，很难说他的演说是在论学还是在议政。因为，据研究者统计："1917年至1926年，李大钊在各地至少发表了45次演讲，其中约有40次是直接或间接地宣传马克思主义。著名演讲有《庶民的胜利》《马克思的经济学说》《社会主义下的经济组织》《史学与哲学》《社会主义释疑》等。"[2]

　　相信"专制政治尚秘密，立宪政治尚公开"、"文明国之政争，皆在演说台上"[3]的李大钊，借助大量演说，公开宣传自己的政治主张。但现代中国的严酷事实是，演说台上决不了胜负的政争，可以用子弹或绞刑架轻而易举地解决。1927年4月6日，李

1　朱志敏：《李大钊传》第276页，济南：山东人民出版社，1998年。

2　参见李燕博主编《李大钊北京十年：教学篇》第314页，北京：中央编译出版社，2016年。

3　守常：《政谭演说会之必要》，《李大钊全集》第二卷第378页。

图4-11　1924年9月李大钊在莫斯科大剧院演讲

大钊等八十余人在苏联驻华大使馆被奉系军阀张作霖逮捕（相关背景颇为复杂），22天后李大钊被绞杀，时年38岁。新中国成立前，李大钊的部分著作曾由其亲属编集，请鲁迅作序，可惜没能正式刊印；一直到1959年，才由人民出版社编辑出版了《李大钊选集》。

　　李大钊本人擅长演说，读1917年4月8日《甲寅》日刊所载守常《讲演会之必要》，当能明白其对于"演说"的技术及文化是深有体会的。但因文集乃后人所编，收录的这么多演说稿，哪些更符合本人意愿，或者说哪些记录稿更能传达作者心声，本人并没分辨，只能读者自己体会。比如1922年2月19日下午1时，马克思学说研究会组织了第一次公开讲演会，李大钊作"马克思的经济学说"专题报告，现有两种记录本存世，各引开头一段，可看出记录风格的差异：

今天是马克思学说研究的第一次公开讲演，兄弟得乘这个机会来把马克思的经济学说大概讲讲，实在非常荣幸。马克思的学说很深奥，我固然不能说了解他，我并且不敢说对于他有什么研究，不过乘这个机会，同各位谈谈。[1]

马克思的学说是很渊深宏博的。很难在短时间内讲完，现在只介绍一点他的经济学说的大概。[2]

前者题为"马克思的经济学说"，署李大钊讲、黄绍谷记，刊1922年2月21日至23日《晨报》；后者题为"马克思经济学说"，署李守常讲稿、陈仲瑜记录，刊1922年2月21日《北京大学日刊》。虽说同样用白话记录，粗细明显有别，前者更能保存演讲者的语气。人民出版社1999年版《李大钊文集》第四卷收录前者，而将后者作为附录，我以为是合适的。

对于民国初年的政治局势来说，1913年3月20日，年仅31岁的宋教仁在上海火车站遇刺，两天后不治身亡，绝对是牵一发而动全身。这位曾就读于日本法政大学的职业革命家，除了坚定的政治立场、丰厚的理论修养，再就是辩才卓著。这点，无论同道章太炎、蔡元培，还是论敌梁启超，都一致认可。在民初波诡云谲的政坛上，宋教仁积极主张责任内阁制，既符合其所在政党（中国国民党）以及个人（实际上的党首）利益，也与其长期的求学

1　李大钊讲、黄绍谷记:《马克思的经济学说》，中国李大钊研究会编注:《李大钊文集》第四卷第179页，北京：人民出版社，1999年。

2　李守常讲稿、陈仲瑜记录:《马克思经济学说》，中国李大钊研究会编注:《李大钊文集》第四卷第186页。

图4-12 宋教仁遗像
(《真相画报》1913年第1卷第15期)

图4-13 宋教仁被刺
(《真相画报》1913年第1卷第4期)

经历若合符节——留学日本时，宋教仁曾花费大量时间和精力研究西方资本主义的议会政治和国家制度，陆续翻译了《俄国制度要览》《美国制度概要》《日本宪法》《英国制度要览》《德国官制》《普通士官制》等。若真能实行责任内阁制，国民党通过选举来获取政权（不管有多大把握），或限制大总统的权力，走上民主宪政而不是武装夺权的道路，那是理想的设计。虽然事后证明，这种政治设计脱离了那个时代的中国土壤，几无实现的可能。但不管怎么说，此努力的大方向是对的。

在这个意义上，宋教仁英年被刺，绝对是中国近代政治史上的一大悲剧。至于宋教仁到底为何被刺，幕后黑手是谁（虽然刺客被抓），历来众说纷纭，百年来不断有学者探究。[1] 谈政治本来就有危险，更何况涉及国家最高权力，任何利益相关方，都可能使出非常手段。从被刺前半年的活动轨迹看，宋教仁显然忽略了现实政治的复杂性，没做任何自我防范的准备，仍以各种"演说"为主要手段。殊不知演说再有力，也只能说服同道或一般民众，对于你死我活的政敌来说，还是暗杀更为直截了当。

1913年1月8日，宋教仁发表《国民党湘支部欢迎会演说辞》，称："为今之计，须亟组织完善政府，欲政府完善，须有政党内阁。今国民党即处此位置，选举事若得势力，自然成一国民党政府。"[2] 同年2月1日《国民党鄂支部欢迎会演说辞》又有："世界上的民主国家，政治的权威是集中于国会的。在国会里头，占得大多数议席的党，才是有政治权威的党，所以我们此时要致力于选举运动。"[3] 3月9日之《国民党宁支部欢迎会演说辞》："总统当为不负责任，由国务院负责，内阁制之精神，实为共和国之良好制也。"[4] 所有论述都假定中国是走在民主建国的大道上，国民党可以且应该通过议会选举，获得真正的执政权。

初刊1913年2月20、21日《民立报》的《宋钝初先生演说辞》，乃宋教仁在上海国民党欢迎会上发表的演说辞，时间为1913年2月19日，距离遇刺仅一个月。此文收入陈旭麓主编《宋教仁集》

1　值得推荐的新著有尚小明：《宋案重审》，北京：社会科学文献出版社，2018年。

2　初刊《长沙日报》1913年1月9日，原题"国民党湘支部欢迎宋教仁先生大会纪事"，见陈旭麓主编《宋教仁集》下册第446页，北京：中华书局，1981年。

3　陈旭麓主编：《宋教仁集》下册第456页。

4　本文录自1913年3月11日《民立报》之《苦口婆心医国手》，陈旭麓主编：《宋教仁集》下册第467页。

时改题"国民党沪交通部欢迎会演说辞",除了言辞激烈地批评政府之外交与财政,再就是再次强调"欲建设良好政府,则舍政党内阁莫属"[1]。在宋教仁是按规矩出牌,既然想走议会政治道路,发表政见与抨击现任政府,以争取民众支持,那是再正常不过的了。可人家不这么看,"近日以来,造谣生事,捏词污人,使民心惶惑,国事败坏,实为不鲜(如谓黄、宋运动黎元洪为正式总统,赣、皖、闽、粤联络独立等之谣皆是),故吾人对此,不能不一为疏辨,以听世人判断焉",于是有了此初刊1913年3月15日《民立报》的《答匿名氏驳词》(署名教仁)。[2]此文发表后五天,宋教仁被刺身亡。显然这不是简单的政见之争,或对政府的批评是否妥当,而是文中提及的谣言"世人污吾运动总理"[3],才引来了杀身之祸。

若真像上述李大钊《政谭演说会之必要》所言,"文明国之政争,皆在演说台上",那袁世凯肯定不及宋教仁,张作霖也不是李大钊的对手;但在讲究实力而不是道义的现代中国,宋、李两位作为国、共两党杰出的领袖,能赢得国会(议院)或民众的掌声,却没能逃得过被暗杀/绞杀的命运。

作为运筹帷幄、呼风唤雨的政治家,宋教仁、李大钊两位参与了很多实际的政治活动,其功绩远不只是活跃在群众集会上。而著名诗人、学者闻一多则不一样,他并非严格意义上的政治家,

---

1　陈旭麓主编:《宋教仁集》下册第463页。

2　参见陈旭麓主编《宋教仁集》下册第476—486页。

3　吴相湘引诸多材料,说明:"盖当时谣传宋、黄活动举黎元洪为正式总统,宋以国会多数党之推选出任总理把握实权,袁将被排斥于政府之外。"见吴相湘《宋教仁传》第175页,北京:中国大百科全书出版社,2010年。

而只是反对独裁、参与民主运动的读书人，其倒在敌人枪口下，更足证"演说"的魅力与危险。1946年7月15日，闻一多在云南大学为三天前被暗杀的李公朴举行的追悼会上即席演讲，痛斥当局的卑劣行径。当天下午，闻一多也被暗杀——此事对于民心向背起决定性作用，也是此后民主运动蓬勃兴起的重要契机，故历来备受史家关注。我曾从"演说家"的角度谈论闻一多，更多将大学校园的演说训练与现实政治的利益碰撞相勾连，辨析那篇进入中学语文课本的《最后一次的讲演》，是如何将政治立场、诗人气质、修辞手法统合到"演说"中来的。[1]

五、演说之诗性

不管是主张以演说"补助作文训练上的缺憾"[2]，还是以"出口成章"为荣[3]，抑或提倡"有声的文学"[4]，要说最早表彰演说的文学性，还得追溯到1929年6月朱自清初刊《小说月报》第20卷第6号

1　参见陈平原《作为演说家的闻一多》，《文汇报·文汇学人》2019年11月22日。

2　"练习演讲，可以帮助我们的作文，可以补助作文训练上的缺憾。因为演讲训练的特色，是在使我们的心思活泼，感应敏捷，语言确实而畅达。"见程湘帆编《演讲学》第2页，上海：商务印书馆，1934年再版。

3　"'出口成章'，原是一句赞美长于文才的话；现在我们要把这句话作为写作的一个最低的标准。'文章'在那里做呢？'出口'便要做；而且也只有这样做，作文才获得一条平坦的踏实的途径。"见孙起孟《演讲初步》，第6页。

4　任毕明著《演讲术·雄辩术·谈话术》（第3页）关于"有声的文学"有一段解释："大作家把一篇文章写好，只有供给可以读文章的人去享受，在大众文化尚未发达的今日，文章的普遍性可说是微乎其微。因此，我们要普及文化，在今天很应该从大众的耳朵着想。凡是懂得听，懂得话的人，使他都有享受文化的机会。故曰：有声的文章。"

的《说话》。在朱自清看来，"说话"种类繁多，如演说、讲解、说书、会议、谈判乃至法庭受审等，而与白话文运动关系极为密切的"演说"，最有可能承继"五四"文学革命带来的那些"活泼的、精细的表现"。这一假设，使得朱自清谈论"演说"时底气十足：说话不如作文谨严，"但那些行云流水般的自然，却绝非一般文章所及"[1]。

现代中国文学史上，闻、朱常常并称，但若提及演说，则完全不在一个档次——朱自清对老朋友闻一多佩服得五体投地。1942年11月6日，闻一多在西南联大讲"伏羲的传说"；讲这样的题目也能吸引那么多听众，这才叫本事。在当天的日记中，朱自清感叹不已："晚间听一多演讲，妙极。非常羡慕他，听众冒雨而来，挤满教室。"[2]晚年的闻一多，被朋友们看作"少有的天才的宣传鼓动家"，"万千群众随他的欢呼而欢呼，随他的愤怒而愤怒"[3]。而有闻一多出席的场合，"他的演讲是异常得到青年人拥戴，每次演讲，听众总是五六千至二三万人，演讲时总是掌声不绝"[4]。除了政治激情，闻一多还有很好的演说技巧，就像友人吴晗描述的："一登台便作狮子吼，配上他那飘拂的长髯，炯炯的眼神，不消几句话，就把气氛转变，群众情绪提高到极度，每一句话都打进人

1　朱自清：《说话》，《朱自清全集》第三卷第339—341页，南京：江苏教育出版社，1988年。

2　朱乔森编：《朱自清全集》第十卷第207页，南京：江苏教育出版社，1997年。

3　费孝通：《难得难忘的良师益友》，《费孝通文集》第七卷第441页，北京：群言出版社，1999年。

4　张友渔：《斗争才能生存，退缩便是罪恶》，《人民英烈——李公朴闻一多先生遇刺纪实》第182页，李闻二烈士纪念委员会编印，1946年。

图4-14　1946年2月，闻一多在西南联大召开的
"庆祝政治协商会议成功"大会上演说（刊于《人民英烈》）

的心坎里去。"[1]而这种兼及学识与激情、从容镇定、挥洒自由的演说风格，与其就读清华园十年所受演说训练有紧密关系。[2]另外，"他具有诗人的表现情感与思想的适当美丽辞句，革命家的热情，演说家所需要的宏亮的好嗓子"[3]，这些也是其演说成功的重要因素。

诗人的姿态、激情与语言能力，对"演说"会有不小的帮助，这点很容易被意识到。反过来，我想谈的是，某些成功的演说家——比如陶行知，其演说同样蕴含着诗情。而且，闻、陶二君杰出的演说能力，都与其大学阶段所受训练密切相关。陶行知

1　吴晗：《〈闻一多全集〉跋》，《闻一多全集》第四卷，北京：生活·读书·新知三联书店，1982年。

2　参见陈平原《作为演说家的闻一多》，《文汇报·文汇学人》2019年11月22日。

3　杜运燮：《时代的创伤》，《萌芽》第1卷第2期，1946年8月。

图4-15　闻一多遗像（刊于《人民英烈》）

1911年在金陵大学念书时组织爱国演说会，第二年又在演说会中增加汉语演说，而不仅仅是英语演说。1913年，海外友好人士艾迪到校演讲《中华民国之将来》，金大师生热烈鼓掌22次，想必担任翻译的陶行知也被深深打动；同年，金大学生举行"中国能否建立民国"的演说辩论，陶行知勇夺冠军。留学归来，1919年10月，作为南京高师教务长的陶行知又联合政法专门学校教务长王伯秋、金陵大学教务主任刘伯明等，发起组织南京学术演讲会。[1]因此，这位"从就读于金陵大学期间参加演讲比赛开始，直到临终前，几乎演讲了三十多年"的教育家，即便说不上"开创一代文艺新风"，也因其"演讲稿均是很好的散文，观点鲜明，思想深邃，逻辑严密，声情并茂，富有极强的感染力、说服力和鼓动

---

[1]　参见朱泽甫编著《陶行知年谱》第8—9、22页，合肥：安徽教育出版社，1985年；章开沅、唐文权《平凡的神圣——陶行知》第89页，武汉：湖北教育出版社，1992年。

性"[1]，而确实值得教育史家和文学史家关注。

　　作为现代中国最著名的教育家，陶行知的理想性毋庸置疑，而我关注的是其演说的激情与诗意。不妨以1927年3月15日陶行知《在试验乡村师范学校开学典礼上的讲话》为例：

　　　　本校特异于平常的学校有两点：一无校舍，二无教员。大凡一个学校创立，总要有房屋才能开课。我们在这空旷的山麓行开学礼，实在是罕见的。要知道我们的校舍上面盖的是青天，下面踏的是大地，我们的精神一样的要充溢于天地间。所造的草屋，不过避风躲雨之所。本校只有指导员而无教师，我们相信没有专能教的老师，只有比较经验稍深或学识稍好的指导者。所以农夫、村妇、渔人、樵夫，都可做我们的指导员。因为我们很有不及他们之处。我们认清了这两点，才能在广漠的乡村教育的路上前进。[2]

　　可这并非完整文章，原出自杨效春著《晓庄一岁》（上海儿童书局，1935年），乃演讲记录（记录者李楚材），题目为编者所拟。此前各报章登载的"南京试验乡村师范"的招生广告，以及1927年4月3日《申报》上的开学报道，大概意思差不多，但不及此这段文字简洁且完整，故收入《陶行知全集》也未尝不可。

1　周洪宇：《陶行知大传——一位文化巨人的四个世界》第329页，北京：人民教育出版社，2016年。

2　《在试验乡村师范学校开学典礼上的讲话》，《陶行知全集》第二卷第10页，长沙：湖南教育出版社，1985年。

图4-16　1936年，陶行知在美洲宣传中国抗战意义，墨西哥一家报纸上刊出此图（见《活教育》1947年第4卷第7—8期）

但真正的演讲状态不是如此，比这还要精彩很多，因为陶行知是个特别注重演说的教育家。创办此试验乡村师范，竟然是如此招生考试：3月11日上午8点到10点考国文，10点至11点为常识测验，11点至12点为智慧测验，这些都很正常；有趣的是下午一点半考"演说及辩论"，还有第二天上午的"垦荒及施肥"，下午的"修路"。[1]招学生特别注重语言表达能力，这在陶行知并非一时心血来潮；据此前其在南京高师任教时的学生章柳泉追忆："我投考南京高师时，除笔试外，还经过一次五分钟的演说口试，题目是'五四运动'。陶老师就坐在台下亲听考生的演说，作为录取

---

[1]　参见陶行知《告来本院应试的同志》，《陶行知全集》第二卷第8—9页。

图4-17　陶先生最后的怒吼（刊于《风下》1946年第53期）

的一种成绩。"章说得没错，在历来只重文字取士的国家，这"确是一个创举"。[1]

　　理解陶行知这一创建新式学校的努力，最好兼及他此前两篇重要演讲。1927年1月3日，他在上海青年会的演讲，题为"中国乡村教育之根本改造"。这篇演讲在描绘"乡村教育改造"伟大宏图的同时，着重介绍自家即将开办的试验乡村师范学校，包括校舍怎么办，教师哪里来，以及考试的方式等，从中可见开学典礼上演说的影子——"该校各科教师都称为指导员，不称为教员，他们指导学生教学做，他们与学生共教，共学，共生活"；"我们准备了田园二百亩供师生耕种，荒山十里供师生造林，以最少数

1　章柳泉：《忆行知师在南京高师时的几件事》，江苏省陶行知教育思想研究会编：《纪念陶行知》第328页，长沙：湖南教育出版社，1984年。

经费供学生自造茅草屋居住"。[1]此文初刊时有编者附言："陶知行先生这篇演词，是于一月三日应徽社所请，在青年会演讲约一时半之久，态度恳挚，听者无不动容，足见其感人之深。这篇笔记，经陶氏校阅并改正多处，应在这里附志谢忱。"[2]为何需这么郑重其事地强调"经陶氏校阅并改正多处"，那是因为此前的演讲记录稿《活的教育》刊出时多有差错，"有漏了几句的，也有说反了的"。1922年1月23日《时事新报》副刊《学灯》上刊出陶给《学灯》记者的一封信："他们记得很详细，有好几处确能传达我的精神。但因各地言语不同，所以记得也不十分正确。……报章重在传达真相，知行提议以后对于投来的演讲稿，如能办到，最好先寄与演讲人看过再登，当可减少错误。"[3]

喜欢演说，但刊发慎重，因工作紧张而拖延修订讲稿，以至于单从报刊书籍看不出陶行知演说的影响力。[4]陶的不少演说，是去世后才被整理成文的，如1942年7月20日在重庆北碚的育才学校三周年纪念晚会上做题为"每天四问"的演说。老战友方与严在座，第二天把它默写下来，送陶校长改正。可"他一直忙着，搁置了四年还没动笔修改"，陶去世后，方整理此文并予以刊出，

1　《陶行知全集》第二卷第4页。此文初刊《中华教育界》第16卷第10期，1927年4月；收入《陶行知全集》时，为表示与此前同题文章的差别，加上"再论"二字。

2　《陶行知全集》第二卷第6页。

3　《陶行知全集》第一卷第187—188页，长沙：湖南教育出版社，1984年。

4　查阅民国年间诸多"演讲集"或"演说学"附录，我仅在收录八篇外国人、六篇中国人演讲辞的尹德华《演讲术例话》（文化供应社，1943年）中，找到一则陶行知的《"教""学""做"合一》。

"将以此来纪念育才学校八周年的成长"[1]。

这是一个主要以"演说"而不是"作文"为表达方式的现代教育家。喜欢且擅长演说的陶行知,指导自己的学生:"好的演说,一要'有话说',即要有内容,言之有物;二要'说得好',即要掌握表达艺术,既有条理,又有血有肉,生动易懂。"[2]据说,正因此,凡他教过的学生,大都"掌握表达艺术",能说会道。

选择口说为主要表达方式,陶行知是认真考虑过的。1946年6月14日,陶行知向日后出任新中国教育部副部长的柳湜表白:"我一生只想多做些事,现在要做的事又太多了。我不仅没有时间写一本书,就是连短文章也没有时间多写。所以除演讲外,就做诗。说话不要准备,做诗则更经济。"[3]不追求藏之名山传之久远,而是尽可能多做事,若这么考量,演说确实比著作迅捷、明快。陶行知一辈子最主要的著作,莫过于上海亚东图书馆1928年4月初版的《中国教育改造》,可那也不是专著,而是诸多演说及文章的结集。这位名扬四海的大教育家,以广场演说而不是书斋著述为传道授业解惑的主要手段。

追求时间上的"经济",演说之外,陶行知还喜欢写诗。这位演说天才,一生写了780多首诗,确实值得重视;但从艺术性角度去分析,又显然不得要领。[4]这不是一般意义上的文学艺术,而是

1　何宏玲考释:《陶行知:生活的艺术》第296—311页,济南:山东文艺出版社,2006年。

2　章柳泉:《忆行知师在南京高师时的几件事》,《纪念陶行知》第328页。

3　柳湜:《记最后一夜——回忆陶行知先生》,《纪念陶行知》第70页。

4　参见邓初民《略论陶行知主义》,《纪念陶行知》第72—79页;萧三《中国的大众诗人——陶行知》,《萧三文集》第153—156页,北京:新华出版社,1983年。

战斗的武器。在陶行知看来，人生就是战斗，即便"屡败而屡战，心灵里都会起一种不能自已而有节奏的跳动"："这种不能自己而有节奏的跳动，用语言文字流露出来的，或是歌，或是诗，或是文，都是文学。"[1]文学不该只是吟风弄月，更不要说无病呻吟；文学是战斗，是生命的律动。"有人说我是诗人，/我可不懂。/唱破了喉咙，/无非是打仗的号筒，/只叫斗士向前冲。"[2]连这几句自我辩护的诗句，也都是大白话。陶行知所撰儿童诗或大众诗，包括《知行诗歌集》（上海儿童书局，1933年）、《知行诗歌续集》（上海儿童书局，1935年）、《知行诗歌别集》（上海儿童书局，1935年）、《知行诗歌三集》（上海儿童书局，1936年），都是此类风格。

在现代中国诗歌史上，陶行知这种浅白明了、朗朗上口的儿童诗或大众诗，可以说毫无地位；好在作者志不在此，除了贯彻自家教育理念，再就是关注白话文的改造。在1930年代大众化运动中，陶行知撰写《怎样写大众文》（1935），称白话文失败之处在于没有照大众说话的口气写，而仍然停留在用眼睛看的阶段。"我们的眼睛看惯了古文、白话文，容易引我们走错路。比较起来，还是耳朵靠得住。我们的耳朵是和大众接近些。所以写大众文的一个好方法，是请我们的耳朵出来指导我们。凡是耳朵听得懂、高兴听的，才把它写下来。"[3]此文原载1935年11月16日《生活教育》第2卷第18期，同期还有《再谈怎样写大众文》，同样强调耳朵的重要性："我们的耳朵虽是顶方便的先生，但不是顶靠得住

1　《文学何时死》，《陶行知全集》第二卷第705页。

2　《诗人?》，《陶行知全集》第七卷第503页，长沙：湖南教育出版社，1992年。

3　《怎样写大众文》，《陶行知全集》第二卷第887页。

的先生。因为我们听得懂的文章，大众有时听不懂。所以顶靠得住的先生是大众的耳朵。工人、农人、车夫、老妈子、小孩子的耳朵都靠得住。"[1]这里除上层与下层、精英与大众的阶级论述外，还牵涉眼睛与耳朵的分工。注重耳朵或口头表达，不一定直接对应大众文化，这与朱自清主张"说话"、叶圣陶表彰"写话"，都是同一个意思，那就是改造中国的文章趣味。

　　1946年7月25日陶行知病逝于上海，半个月后，延安《解放日报》发表毛泽东秘书胡乔木的纪念文章，称："陶先生的死是叫我们一下子损失了三个有独创性的伟人——一个政治家、一个教育家和一个文学家。"前两者好说，很容易被认同，至于说"文学家"，那是因为"陶先生还是现代中国真正能为群众所接受的诗人和散文家之一"[2]。没必要咬文嚼字，追问陶行知这位"诗人"的文学成就，我更看重且愿意极力表彰的，是其演说中蕴涵的政治激情、民众立场、行动能力、理性主义的教育观念，以及诉诸听觉的文章趣味。作为一种声音的美学，演说与歌谣、广播、文明戏、秧歌剧、古文诵读、学堂乐歌以及朗诵诗运动等一样，都可以具有某种"诗性"。

1　《再谈怎样写大众文》，《陶行知全集》第二卷第889页。
2　乔木：《拿什么来纪念陶先生？》，初刊延安《解放日报》1946年8月12日，见《纪念陶行知》第24页。

第五章　徘徊在口语与书面语之间

——工作报告、专题演讲及典礼致辞

经由白话文运动主将胡适的大力宣传，黄遵宪的诗篇《杂感》广为人知。批评"俗儒好尊古，日日故纸研"没错，称"即今流俗语，我若登简编，五千年后人，惊为古斓斑"，也有一定的道理。问题在于，"我手写我口，古岂能拘牵"[1]日后成了"文学革命"的重要口号，时人很少认真思考"口"一旦转化为"手"，可能出现的种种生机与陷阱。

我曾三度撰文，描述中国人如何引进"传播文明三利器"之一的"演说"，分析演说的不同类型、演说之于"开启民智"、演说与学堂之关系、讲演者的风采、"白话"如何"文学"、以"演说"为"著述"的可能性等，并借此阐述近现代中国的学术表达及文章风气。[2]

1　黄遵宪:《杂感》其二，黄遵宪著、钱仲联笺注:《人境庐诗草笺注》上册第42页，上海：上海古籍出版社，1981年。

2　参见陈平原《学术讲演与白话文学——1922年的"风景"》，《现代中国》第三辑，武汉：湖北教育出版社，2003年5月;《"演说现场"的复原与阐释——"现代学者演说现场"丛书总序》，见本书附录三;《有声的中国——"演说"与近现代中国文章变革》，《文学评论》2007年第3期。

百年后的今天，因技术手段的改进，特定场合的"口说"，很容易迅速转化为"文章"；掷地有声的"报告"，又都是秘书们千锤百炼而成——这种口语与书面语之间的自由滑动，交叉挪用，相互改造，明显影响了一时代的文风。至于网络语言的巨大冲击，更使得如何恰如其分地"说话"与"写作"，成了很大的问题。本文主要分析对当今中国人的思维与表达影响极大的政府工作报告、学者专题讲座，以及重要场合的嘉宾致辞，讨论自由穿越语体/文体边界的利弊得失，以及此举背后的政治机制与思想文化潮流。

"话"该怎么说，"文"能如何作，讨论这个问题，不局限于具体的口语/书面语等技术分析，而是带入政治体制、文化场域以及文体、受众等，我以为更有自由驰骋的空间。

一、伪装成口语的书面语

著名散文家、语文教育家张中行在《文言和白话》中谈及"现代白话"的形成与演变，将其大略分为三个阶段：五四新文化运动时期，"给人的印象是，有不少人用力躲文言，亲口语，却不能写得流利自然"；1930年代的白话文与口语的关系是"不即不离"——"念，象话，却又比口语整洁，深沉，有些人并且有了自己的风格，使读者一嗅而知，这就是三十年代白话最值得重视的成就"；1950年代以后，上了年纪的作者还维持1930年代与口语"不即不离"的格调，年轻一辈的则倾向于脱离口语——"表现为生僻词语多，句子不只长，而且夹杂一些非本土的格局。口语当然不是这样。因为大不同于口语，所以看，读，就显得既不简明，又不自然，甚至晦涩难懂。"[1]这种句子越来越长，"只能入目，难于上口"的大趋势，最近二十年，随着中国社会生活的迅速西化以及新学书籍的大量涌入，日渐成为时尚。有趣的是，这种夹杂大量新词的长句子，已经被胃口极佳的中国人消化了，眼下正广泛出现在官员及大众的口头表述中。

至于叶圣陶追求的"写话"[2]，如今只有极少数作家仍在坚持；整个中国社会，普遍流行的是"说文"——我戏称之为"挂在嘴上的文章"。你可以批评他/她"套话连篇"，很不鲜活，没有自家特色，一点也不可爱，可它是融入了很多书面语的"口语"；当然，也可以说是一种伪装成口语的"书面语"。但是，请别讥笑，习惯成自然，这些新词、新句法、新表达方式很快就流行开来。打开电视看看，那些在街头接受采访的普通民众，只要说得稍微长点，且牵涉时政的，就不太像口语，反而跟近年的政府工作报告"若合符节"。我关注的不是政治立场，而是说话的腔调——为何民众的说话，越来越向书面语靠拢？这必须追踪到当代中国的政治体制以及话语生产方式。

走出"无产阶级文化大革命"的中国，没有了"最高指示"，即便是党和国家领导人，其"重要讲话"要想变成广大民众的思维和表达，还真不容易。好在有各级政府工作报告，在实现上情下达的同时，完成了话语方式的转化与传递。每年3月召开的全国"两会"（人民代表大会和人民政治协商会议），以及1、2月间的各

1　张中行：《文言和白话》第238、242、244页，哈尔滨：黑龙江人民出版社，1988年。
2　参见叶圣陶《写话》，《叶圣陶语文教育论集》第454—457页，北京：教育科学出版社，1980年。

省市"两会"，乃是提出新概念、新思想、新语句、新表达方式的关键时刻。宣读、讨论、通过"政府工作报告"以及"政协工作报告"，是每年"两会"的重头戏。无论人民代表还是政协委员，都有义务在大会、小会上发言；至于中宣部监管的所有媒体（报刊、电视、网络），更是有责任在会议期间积极配合宣传。

　　"两会"的工作报告都是精心准备的，不管你喜欢不喜欢，它都将发挥巨大作用——我指的是话语方式。因此，必须认真关注这些"报告"的酝酿及生产、传播的过程。改革开放三十年，当下中国的官员及秘书，早已不是昔日的吴下阿蒙。考取公务员，如今成了大学生乃至硕士、博士的"大热门"，负责起草报告的秘书班子，普遍学历甚高，他们的工作目标很明确——生产（或曰"创作"）既符合领导意图又能吸引公众关注的"话语"。政府及政协工作上的创新，往往落实为若干新名词，因此，工作报告附录小册子，说明这些新词的来源及简要解释。每年"两会"前的征求意见，"两会"中的热烈讨论，"两会"后的学者答疑，再加上媒体的综述及解读，共同完成了这一"话语"的生产与传播。思想路线不准逾越，大政方针无法突破，大家只好在细节——尤其是在表达方式上下功夫。被征求意见的专家，以及"两会"期间的各小组讨论会上，那么多聪明人，不管所学专业如何，都喜欢从语法、修辞乃至"文章学"角度提意见。这些意见，被"从善如流"的主持人所接纳，于是，"工作报告"往往成了百衲衣。近年的政府/政协工作报告，大都四平八稳，面面俱到，多精准的数字，少动人的激情。原因很简单，为了落实"民主协商"，必须尽可能堵塞各种漏洞，回应各种批评，吸收各种建议，回避各种陷阱，因此，难得有气势如虹的好文章。

每年"两会"上的工作报告，其实都有新的说法（或曰"亮点"）；至于这些"新说法"好不好推行，能不能落实，那是另一回事。会前会后，专家学者们忙着解读，大众媒体紧跟报道，这些"新说法"很快就普及到小民百姓那里。有人嘲笑当下中国各级政府的执行力，可"话语"不一样，很快就能传播开去。一个"世界城市"的口号，一个"首善之区"的说法，明知不妥，只要领导圈中了，马上就从学者的案头转变成街头巷尾热议的话题。不少聪明人（尤其是社会科学家）明白这个诀窍，不再潜心书斋撰写学术论文，而是争取领导批示。很多大学明文规定，专家所上条陈，凡得到政治局委员以上领导批示的，等同于在SCI或SSCI发表一篇重要论文。不用说，要想得到"领导批示"，只能围绕"政府工作报告"做文章——或未雨绸缪出主意，或锦上添花讲功效。

以前信息不通，中央政府的决策及精神，需要一级级"传达"下去。现在电视直播，第一时间就能了解国务院总理代表本届政府所做"工作报告"，为何还需要一遍遍重复？除了各种新思想、新概念、新的表达方式，必须通过不断地"学而时习之"才能逐渐掌握；还有一点值得关注，那就是为官的诀窍——说得"好"不如说得"巧"，照着说，保准不会出错。尤其是在互联网发达的今天，动不动就有人发微博，当官的若嘴巴不严，很容易丢了乌纱帽。因此，各级领导都能在最短时间内学会各种新词或新的表达方式，然后在公众场合或电视采访中，恰如其分地讲述出来。这既是职责所在，也是为了藏拙。

为政不在多言，文章好坏本不是关键，只不过这些工作报告经由一级级传达，一遍遍转述，一次次报道，一回回学习，不见得真的深入人心，但起码影响到整个社会的言谈风气乃至文章写作。在才气横溢的文人学者看来，官员之所以"讲套话"，是没有才情，缺乏独立思考能力，其实不见得。必须意识到，这是现代社会"政治运作"的重要组成部分。特立独行的举措、纵横捭阖的思考、天马行空的表达，属于文学家或思想家，不属于成熟的政治家——更不要说一般政府官员了。

常听读书人讥讽某领导只会念讲稿。其实，最怕的不是领导"念讲稿"，而是"没准备，随便说几句"——那多半是没完没了的陈词滥调。各级领导的讲话，似乎"即兴发挥"，其实不然，大都是练出来的真本事。教几十年书的，都不敢保证上了讲台就滔滔不绝。可当下各级领导，大都有这个本事。偶尔听一两次，感觉还真不错，虽说没多少信息量，可铿锵有力，绝对正确，滴水不漏，有时还激情洋溢，实在让人佩服。不过，这些官员的"讲句实在话"，与政府工作报告有很大的关联性。官场上，不出差错是最高原则。敢说真话、说有个性的"明白话"的，大都属于以下三种情况：第一，权威性无可置疑，且在自己绝对可以说了算的场合[1]；第二，退居二线或已经退休的官员，没有职务上的牵挂，较能体会民间疾苦；第三，缺乏上进心或"上进无门"的读书人。除此之外，很难摆脱"套话"的缠绕。有的虽然套话连篇，但排

---

[1] 毛泽东的文章极富文采，邓小平的讲话也很有个性，这不全是学识或修养问题。毛、邓的文章/讲话之所以"气势如虹"，与其在国家政治生活中的高度权威性有直接关联。

列组合大有讲究，有心人不难读出其中深意的，但那毕竟太费心机了。

　　虽说经常挂在嘴边，你以为是口语，不对，这是记诵下来的书面语。没这个本事，或对此有抗拒心理的，不适合于从政。问题在于，这种高屋建瓴、绝对正确但没有多少信息量的"大话""空话""套话"，不仅官员会说，大学教授会说，一般公务员也会说，甚至普通民众接受采访时，开口也是这个调调。如果连读书极少的运动员都被规训得如此说话，则实在有点可悲。2010年在温哥华举办的第21届冬季奥运会上，中国选手周洋在短道速滑女子1500米决赛中夺得了冠军，并打破了奥运会纪录。走出赛场，周洋接受采访："这是我的梦想，我觉得拿了金牌以后，可能会改变很多，以后会更有信心，也会让我爸妈生活得更好。"电视机前，很多中国人热泪盈眶，就因她没照中国奥运代表团的传统讲不着边际的大话，而显得那么质朴、真诚、懂事。可在随后不久举行的全国政协会上，这个"获奖感言"受到了批评，周洋于是改口，把国家放在前面，把父母搁到最后。[1]这不仅是如何看待"国"与"家"，更显示普通人思维与表达的窘境——面对电视镜头，你只能按照领导意志说"正确的话"，而很难表达自己的真实

1　全国政协会上，国家体育总局副局长于再清称："感谢你爹你妈没问题，首先还是要感谢国家。要把国家放在前面，别光说完感谢父母就完了。"于是，2010年3月8日周洋做客某网站，改变答谢方式："感谢国家给我们提供了那么好的条件，让我们有这么好的条件去征战奥运会，也要感谢支持我们的人，感谢教练，感谢工作人员，感谢我爸妈。"参见《周洋昨日再次致谢　先谢国家、最后谢父母》（李月刚），《南方都市报》2010年3月9日。

想法。[1]

　　这个"工作报告"传播的链条，一直延续到中小学的政治课乃至作文课。目前的教学体制，使得从小学日记到高考作文，都很容易为了追求"政治正确"而胡编乱造。2010年的《南方周末》上有一则《会说谎的作文》，引述韩寒博客中的"中国人第一次被教会说谎是在作文中"，称这话让很多中国人感慨系之。改革开放三十年了，直到2010年，中学语文教学大纲对一等作文的评分标准仍旧强调"思想向上"[2]。撰写高考作文，不仅政治上要求无懈可击，还得"贴近时代脉搏"，这个时候，今年（或近年）的政府工作报告是必读的，其中的新思路、新概念、新句式很容易被模仿。正因有此实际功效，即便是新生代，平日里激情四射，妙趣横生，一到写作文或接受采访，很容易退回大话、假话、套话的境地。

　　这就提醒我们，影响中国人的口头表达的，不仅仅是胡适想象中的"国语的文学，文学的国语"[3]，也并非周作人追求的"以口语为基本，再加上欧化语，古文，方言等分子，杂糅调和"[4]；除了学校里传授的经典文本、日常生活的家长里短、西学东渐的各种译文，还有极为重要的一环，那就是"政府工作报告"——后者经过一次次扩容，一级级传播，一遍遍宣讲，不到一年半载就能进入中小学生的作文，以至于普通民众对其耳熟能详，关键时刻

1　这与电视采访的特性有关，你也可以说"不正确"或"不合时宜"的话，但这很容易在后期制作中被删去。
2　参见潘晓凌、丁婷婷《会说谎的作文》，《南方周末》2010年3月31日。
3　胡适：《建设的文学革命论》，《新青年》第4卷第4号，1918年4月15日。
4　周作人：《〈燕知草〉跋》，《永日集》第179页，上海：北新书局，1929年。

很容易"脱口而出"。

二、日渐进入书面语的口语

最近十年，将"专题演讲"转化成"文章"或"著述"，乃中国学界的一大时尚。这些悄然飘落在纸上的"声音"，其功用不仅在于传播某一方面的专门知识，更重要的是改变了中国学者的发言姿态以及写作方式。

2001年初夏，《中华读书报》披露《清华大学文科科研量计算办法》，争论集中在如下规定："中央电视台和凤凰卫视每个专题节目（20分钟以上）10分，省市级电视台每个专题节目5分。"学界之所以一片哗然，主要针对的是"学者在电视上露脸得分"。被编织到晚会或访谈中的学者形象，只能随编导所设计的节奏起舞；如此"耍嘴皮"式的"上电视"，与传统学者的博学深思、正襟危坐相差甚远，以至令人怀疑其是否曲学阿世。可电视里播放的不全是娱乐节目，也有相当高雅的专题片。我曾借用三种译成中文的广播电视书籍——《美国划时代作品评论集》《人文科学中大理论的复归》和《思想家——当代哲学的创造者们》[1]，说明学者与大众传媒结盟，"广阔天地，大有作为"[2]。

1　参见〔美〕柯恩编《美国划时代作品评论集》，朱立民等译，北京：生活·读书·新知三联书店，1988年；〔英〕昆廷·斯金纳编《人文科学中大理论的复归》，王绍光、张京媛等译，香港：社会理论出版社，1991年；〔英〕布莱恩·麦基编《思想家——当代哲学的创造者们》，周穗明等译，北京：生活·读书·新知三联书店，1987年。

2　参见陈平原《大众传媒与现代学术》，《社会科学论坛》2002年第5期。

　　没想到，预言很快实现，以"建构时代常识，享受智慧人生"为宗旨的"百家讲坛"迅速崛起，受到公众的热烈追捧。"百家讲坛"（中央电视台第十频道）之努力架设"一座让专家通向老百姓的桥梁"，成功之道在于认清电视的特性——"甭管你是什么身份，坐到电视机前你就是个初中生"，于是调整眼光与讲述策略，不讲究学养深厚，而是寻觅平易近人且善于表达的"坛主"（如阎崇年、刘心武、易中天、于丹、钱文忠等）。此调整非常成功，根据讲稿整理而成的书籍，更是成了炙手可热的畅销书。

　　受制于中国人的文化水平，加上电视台追求最大受众，此类"学术说书"，与上述三种译成中文的"讲稿"，差距非常明显。《美国划时代作品评论集》（*Landmarks of American Writing*）集合众多专家学者，讨论32部代表美国历史及精神价值的重要作品，书中各文原是为美国之音对外广播而作。《人文科学中大理论的复归》（*The Return of Grand Theory in Human Science*）则是英国广播公司第三台谈话部的系列谈话，分别请专家撰稿，讨论伽达默尔、德里达、福柯、哈贝马斯、阿尔都塞、年鉴学派等话题，这组广播谈话的问题意识很明显，那便是"大理论的复归"。《思想家——当代哲学的创造者们》（*Mens of Ideas*）则是1970年代中期由英国广播公司制作的电视系列节目的记录整理稿，该节目分别邀请十几位当代著名哲学家、主要思想学派的代表人物，如伯林、马尔库塞、奎因等，进行哲学对话和辩难，不难想象这十五集电视系列节目的学术含量。这些二三十年前基于广播或电视文稿而编纂的旧书，在当代中国的人文学者中至今仍很有人缘，可见学术普及工作的巨大潜力。

比起趣味有余而学识明显不足的"百家讲坛"，我更关注各种发行量不大的讲座/演说丛书。一方面是各大学（尤其是理工科大学）推行"素质教育"或"通识课程"，另一方面则是政府提倡"学习型社会"，组织各种公益讲座。既有政绩方面的考虑，也有民众的自发热情，加上学者们的积极参与，一时间，各种专题讲座遍及大江南北。而录音录像设备的普及、不再依赖技术性很强的速记、将声音转化成文字变得非常容易——使得这些讲座经秘书、编辑或主讲人略为修订，马上就可汇集成书。这些"讲座书"有一定的学术含量，又比专业著作好读，在图书市场上颇受欢迎。如新世界出版社的《在北大听讲座》（已刊20辑）、华中科技大学出版社的《中国大学人文启思录》（6卷）、东南大学根据其"人文大讲座"结集而成的《人文通识讲演录》（文化艺术出版社，9册），以及国家图书馆根据其系列讲座整理而成的《文津演讲录》（国家图书馆出版社，10卷）等。

虽说晚清以降就有根据演说整理而成的书籍，但"讲座书"大流行，却是近年学界及出版界的一大特色。至于像北京大学出版社组织的《名家通识讲座书系》（已刊50种），基本上是书斋写作——模拟讲座形式，以浅显的语言介绍各种专业知识。暂时搁置那些"拟演说"，我关心的是，"演说"一旦被整理成文或成书，多大程度保留说话的口吻。

若作为法院证据、口述史料、电视字幕，最好保持"实录"状态，对于出现歧义或容易误解的部分，用括号添加相关词语，以示整理者负责。但若作为"文章"或"书籍"刊行，演讲者有权利也有义务进行必要的修整。即便才华横溢的文人或学者，真的"出口"就能"成章"且没有任何遗憾的，少而又少。出于对读者负责，也是对自家学问及文章负责，我主张凡公开刊行的"演说"，都应对录音稿进行"有限度"的订正与修饰。原因是，"阅读"与"听讲"二者的感觉确实很不同。至于订正的"限度"，简单点说，可以添加，可以删节，可以撮述，可以发挥，但无权颠倒结论，即不能"反过来说"。

关于演说与文章的关联与差异，我曾提及："有经验的读者都明白，'口若悬河'与'梦笔生花'不是一回事，适合于讲演的，不见得适合于阅读。一场主宾皆大欢喜的讲演，抽离特定时空，很可能不知所云。"[1]中国人普遍崇拜"文字"而忽略"声音"，强调"阅读"而不太关注"倾听"，这其实是偏颇的。"那是因为，文字寿于金石，声音随风飘逝，当初五彩缤纷的'课堂'，早已永远消失在历史深处。"[2]借助录音整理或现场重构，让声音也能"寿于金石"，这对于学术普及与文化传播将起很大作用。

单是阅读记录稿，你可能觉得，绝大多数演说都是"卑之无甚高论"。只有在现场，演说才能充分展现其不同于书斋著述的独特魅力。编辑刊行"讲座书"或"课堂实录"，都必须直面一个难题——如何扬长避短。原生态的演说，除非你是念讲稿，一旦即兴发挥，经常会有"半句话"的现象——边想边说，说着说着就转弯了，因此上句不接下句。如此半通不通的表达，或病句，或

1　陈平原:《"演说现场"的复原与阐释——"现代学者演说现场"丛书总序》，见本书附录三。

2　陈平原:《"文学"如何"教育"——关于"文学课堂"的追怀、重构与阐释》，（香港）《中国文学学报》创刊号，2010年12月。

重复，或疏失，或错漏，听众可以意会，放到书桌上就经不起推敲，更不要说深究了。怎么办？继续允许其"口无遮拦"，还是修改得"文从字顺"？

张中行在《文言和白话》中特别推崇叶圣陶的"写话"，称那是白话文的正路。在他看来，"像'话'的文章好，不像'话'的文章并不好"；"不像话的文章容易板滞沉闷，较难了解，如果可以说是一种文病，对症的良药就是靠近口语"。[1]写出来的"话"，那是有意为之，依旧还是文章；而将口述或演说记录下来，整理成文/成书并刊行，则此"话"非彼"话"，通俗是通俗了，但不见得简洁、明快、准确。

借助于讲坛，专家学者在传播某种理念、普及某种知识的同时，也在推广某种表达方式。反过来，当你整理成文或成书时，这种口头表述，又在朝书面语的方向转化——或伪装成书面语刊行。大量从"现场实录"转化而成的书籍热销，影响了当代人（包括学者）的写作。即便你学养丰厚且文字感觉很好，整理演讲稿也是很费心费力的，一点不比写文章轻松。可目前的讲座书，大都不是由本人整理，而是速记员、秘书或编辑代劳。就像影视或综艺明星，以舞台演出为主；至于整理成文，已落第二义——好些讲座书附赠光盘，可见文字稿不是很重要。

我曾提及北大校长蔡元培给《新青年》编辑写信，纠正其所刊演说记录稿的差错，以及章太炎晚年拒绝刊行未经自己审定的讲演稿。当然，也有很多以演说为著述的成功范例，如1922年商

1　张中行:《文言和白话》第253—254页。

务印书馆初版的《东西文化及其哲学》，封面署"梁漱溟讲演，陈政、罗常培编录"，为的就是突出速记者的成绩与责任。至于政治家的重要著述，多有根据演说速记稿整理而成的，如孙中山的《三民主义》、毛泽东的《在延安文艺座谈会上的讲话》等。[1]凡成功的"以演说为著述"，需要能干的秘书操刀，或演讲者亲自修订，否则很难实现。

从1985年与钱理群、黄子平合作，尝试将"学术对话"整理成文[2]，到2001年春在北大为研究生开设"明清散文研究"专题课，根据学生录音整理成书，我对如何实现从声音到文字的转变，以及其中的艰辛与得失，颇有体会。当初《读书》刊登"三人谈"，因文体清新，不避琐碎，颇引起关注；二十年后，中国学界大有长进，不再允许你瞒天过海，"带病（语病）出场"。意识到这一点，才有《从文人之文到学者之文——明清散文研究》一书"后记"的自我辩解："既想保存讲课时的语气与神态，避免混同于一般论文，又不希望留下太多的纰漏，贻人笑柄，于是，只好略做'修补'。拿起放下，放下拿起，如此磨磨蹭蹭，直到非交稿不可，方才草草收住。"[3]虽说此书出版后反应不错，可这里的"轻松活泼"，是花费心血、刻意修整出来的，并非真的"口述实录"。

1　参见陈平原《有声的中国——"演说"与近现代中国文章变革》，《文学评论》2007年第3期。

2　陈平原、黄子平、钱理群：《二十世纪中国文学三人谈》（六篇），初刊《读书》1985年第10期至1986年第3期，后收入人民文学出版社1988年版《二十世纪中国文学三人谈》。

3　陈平原：《从文人之文到学者之文——明清散文研究》第264页，北京：生活·读书·新知三联书店，2004年。

　　可惜当下流行的从"专题演讲"或"电视讲座"直接转化而成的书籍，大都缺乏必要的修饰与剪裁，除了史实错误容易被挑剔外，我更关注其言辞夸张、颠三倒四，还有病句、拖沓、重复。这种美其名曰"原生态"的演说，一旦大量刊行，必定影响整个汉语写作。今天刊行的文章/书籍，大都像半成品，不似经过深思熟虑（对错暂且不论）。作家及学者的书写，越来越松弛，越来越粗糙，越来越不讲究，越来越不求准确与雅致，除了数量化考核机制，我怀疑也与这种直接袭用"讲座"的风潮有关。

　　口头表达与书面写作，二者之间既可互相借鉴，又须有所区隔——我指的是讲述时的姿态、声调与文风。理论上，口语、书面语分属不同系统，但经由晚清以降的白话文运动，以及新中国成立后的普通话推广运动，今日中国人的"说话"与"作文"之间，差别不是很大。尤其是大陆的文人学者，更多受陈独秀、胡适、鲁迅、周作人等五四新文化人影响，希望拆除我们/他们、文言/白话的藩篱，而拒绝刘师培、蔡元培兼及文言白话的主张[1]，故所撰文章普遍比较直白、浅俗、酣畅。反观台湾及香港的文化人，似乎更愿意在二者之间保留必要的缝隙。这一差异，说话时隐约感觉到，写文章或正式典礼上致辞，就更显豁了。

1　刘师培1905年在《国粹学报》上连载《论文杂记》，既提倡"俗语入文"，又反对骤废"古代文词"："故近日文词，宜区二派：一修俗语，以启渝齐民；一用古文，以保存国学，庶几前贤矩范，赖以仅存。"（《中国中古文学史·论文杂记》第109—110页，北京：人民文学出版社，1959年）1919年11月17日，蔡元培在北京女子高等师范学校发表演讲，畅谈"国文之将来"："照我的观察，将来应用文，一定全用白话。但美术文，或者有一部分仍用文言。"（《国文之将来》，《蔡元培全集》第三卷第358页，北京：中华书局，1984年）。

三、文体感的缺失与重建

口语与书面语的区分，其实只是相对而言；更多的情况是"徘徊"——随时准备在两极之间自由滑动。我们能做的是，理解并描述这一"滑动"的方向及速度，但不做是非黑白等价值判断。其实，当事人选择说了再写，或写了再说；在台上念讲稿，或在书斋里"写话"；是俗语通篇，还是云霞满纸——没有好坏之分，只问合适与否。

到什么山头唱什么歌，站什么位置说什么话——不是刻意讨好听众，而是追求"恰如其分"。笼统地谈口语与书面语的关系，还不够，必须考虑说话人所处位置、多大年龄、学养如何、为什么演说，然后才能确定"话"该怎么说。所谓"我手写我口"，不该演变成为不分场合"乱说话"。很明显，三五知己的聊天与万人集会上的演说不同，接受媒体采访与向领导汇报工作不同，学术会议上发表论文与课堂讲授不同，主持综艺节目与毕业典礼上致辞不同。而当下中国人的"说话"与"作文"，最大毛病是因"不讲究"而"错位"——有故意"混搭"的，但更多的是不明就里。

嘉宾讲话，当然是说给听众听的，但也不全然——因为，这个"听众"并非铁板一块，有虚有实，有男有女，有雅有俗。你以为你了解台下的听众，其实不尽然，你最多了解很小的一部分。对于讲者来说，重要的是明了场合与主题，还有你自己的身份，再据此确定演讲风格。本来，政治家的竞选演说与综艺节目主持人的舞台演出，并不适合文人学者，可电视直播看多了，很多走上讲坛的学者，举手投足间，竟模仿起前两者来。

典礼性的场合，需要的是庄严感，并不需要听众兴奋地尖叫或挥动荧光棒。这种场合的致辞，最好典雅些，并不祈求戏剧性，也不希望你即兴发挥。某种意义上，肃穆庄严的场合，"仪式感"大于实际内容。

但这种讲究"场合"及"文体"的演说传统，正受到越来越大的挑战。比如，著名大学的毕业典礼，总的基调是温馨的，但校长致辞一般不煽情。现在不一样了，听众不耐烦听校长"絮絮叨叨"，希望你变得妙趣横生（最好像综艺节目主持人），于是，有了"根叔体"的风行一时。

华中科技大学校长李培根院士在2010届毕业典礼上的演讲，不怎么打官腔，甚至穿插很多年轻人喜欢的网络新词，因而受到网友的热烈追捧。有人甚至惊呼，大学演讲从此进入"根叔时代"。

真的是这样吗？这里选择两段李校长的妙语，略作分析。从文体看，前一段是政府工作报告加文艺腔，后一段引来阵阵欢呼与尖叫，不外是插入了很多刚刚出现的网络"热词"：

> 你们真幸运，国家的盛世如此集中相伴在你们大学的记忆中。08奥运留下的记忆，不仅是金牌数的第一，不仅是开幕式的华丽，更是中华文化的魅力和民族向心力的显示；六十年大庆留下的记忆，不仅是领袖的挥手，不仅是自主研制的先进武器，不仅是女兵的微笑，不仅是队伍的威武整齐，更是改革开放的历史和旗帜的威力；世博会留

下的记忆，不仅是世博之夜水火兼容的神奇，不仅是中国馆的宏伟，不仅是异国场馆的浪漫，更是中华的崛起，世界的惊异；你们一定记得某国总统的傲慢与无礼，你们也让他记忆了你们的不屑与蔑视；同学们，伴随着你们大学记忆的一定还有什锦八宝饭；还有一个G2的新词，它将永远成为世界新的记忆。

我知道，你们还有一些特别的记忆。你们一定记住了"俯卧撑"、"躲猫猫"、"喝开水"，从热闹和愚蠢中，你们记忆了正义；你们记住了"打酱油"和"妈妈喊你回家吃饭"，从麻木和好笑中，你们记忆了责任和良知；你们一定记住了姐的狂放，哥的犀利。未来有一天，或许当年的记忆会让你们问自己，曾经是姐的娱乐，还是哥的寂寞？[1]

在如此隆重的颁授学位的典礼上，作为一校之长，没能打起精神，给学生神圣感与庄严感，反而为了博得年轻人的欢心，一味扮嫩，我以为不可取。这种期待现场观众掌声的心态，类似演艺明星，不太像高瞻远瞩、博学深思的大学校长。此讲稿应该是年轻秘书代拟的。问题在于，此举大获好评，各大学校长争相仿效，恨不得把当下各种可能招来掌声的流行语都纳入其中。[2]其实，

---

1 此讲稿被《大学毕业典礼上的"根叔"传说》(《文汇报》2010年7月2日) 全文引录。
2 《大学毕业典礼上的"根叔"传说》："短短16分钟的演讲，2000余字的致辞，被掌声打断30次，引发了7700余名学子起立高呼'根叔、根叔'……华中科技大学校长李培根毕业典礼演讲的'走红'，势必给今年各大高校的毕业典礼注入一股新鲜空气。可以预见，'根叔'标杆在前，众校长势必不敢'怠慢'了今年的毕业典礼，临别赠言若再以空话、套话贯之，势必会显得out了。"

仪式感更多与典雅的书面语相关，不能想象一所欧洲著名大学的校长会抛弃"语重心长"的教诲，而变得如此时尚与浅薄。

前有大学校长"哥的寂寞"，后有权威媒体《人民日报》的很"给力"[1]，整个中国的语言及文体，变得紊乱不堪——没大没小，无雅无俗。这种为讨好年轻网民而放低姿态，乃至直接吸纳日本动漫新词，在我看来是"媚俗"，实在不值得鼓励。[2]

大学校长不同于电视节目主持人，专家学者也不同于娱乐明星，只因大家都寻求"最大受众"，希望"赢者通吃"，于是，文体上变成了"全民狂欢"。毕业典礼上致辞，本该是作为"文章"来认真经营的。娱乐常常有，能让你刻骨铭心、记忆一辈子的事情并不多。这样的场合，需要有与之相匹配的好文章、大文章。对比北大校长蔡元培的《就任北京大学校长之演说》（1917）、《北大第二十二年开学式演说词》（1919），以及两位清华校长罗家伦、梅贻琦的就职演说（1928、1931）[3]，今天中国大学校长们的演说普遍热闹有余而深邃不足。半个多世纪后，蔡、罗、梅的演讲稿依然让人怦然心动；而今日被热捧的"根叔体"，我相信过不多久就被世人遗忘。

1　2010年11月10日《人民日报》头版头条《江苏给力"文化强省"》，使得网络热词"给力"登堂入室。众多网友欢呼《人民日报》与时俱进，实在"很给力"。

2　《国际先驱导报》2011年3月18—24日刊陈雪莲《"给力"背后的日语冲击波》，描述以动漫语言为主的日本词如何进入中国，并引述日本学者平井和之的话："救救汉语。"

3　参见蔡元培《就任北京大学校长之演说》《北大第二十二年开学式演说词》，《蔡元培全集》第三卷，北京：中华书局，1984年；罗家伦《学术独立与新清华》，《文化教育与青年》，上海：商务印书馆，1945年；梅贻琦《就职演说》，《国立清华大学校刊》第341号，1931年12月4日。

　　回到毕业典礼，大学校长、教授代表、毕业生代表、家长代表，各有各的立场，也各有各的演说姿态。[1]如果四者讲话大同小异，那绝对失败。记得"文化大革命"中江青喜欢说"我是小小老百姓"，那是虚伪；今天要求青年学生的讲话能体现政治家的风采，同样荒唐。扮老欠佳，装嫩也不好，关键是明白自己的位置及发言的姿态。

　　传统中国特别讲究"文章辨体"，从晋人挚虞《文章流别论》以降，历朝历代不乏精彩的文体学论著。你可以嘲笑明人徐师曾将文体条分缕析到127类，未免过于琐碎，可他《文体明辨序》的说法不无道理："夫文章之有体裁，犹宫室之有制度，器皿之有法式也。……苟舍制度法式，而率意为之，其不见笑于识者鲜矣，况文章乎？"[2]如果说过去的毛病是过于强调"文章必以体制为先"[3]，有形式主义倾向；如今则是不问场合、不顾身份、不讲体式，怎么受欢迎就怎么说，流弊其实更大。

　　表面看，根叔的演说很生动，贴近年轻人的生活感受；可仔细观察，此乃社论（呼应政府工作报告）加文艺腔（对偶、排比、夸饰）加网络语言。如此大杂烩，每段话都有特定听众，也都能收获若干掌声，可整篇文章合起来，不成体统。这里所说的"体统"，无关政治立场，只是要求你站稳脚跟，恰如其分地扮演好自

1　2010年北京大学毕业典礼上，我作为教师代表发言（参见《赠言》，《文汇报》2010年7月22日），很受欢迎，也是掌声不断。可我明白，这种发言姿态仅仅属于特立独行的教授，而不适合于校长。

2　吴讷、徐师曾：《文章辨体序说·文体明辨序说》第77页，北京：人民文学出版社，1982年。

3　同上。

己的角色。当然，你也可以反叛或客串，但首先得有"文体"的意识在。在我看来，正因当代中国人普遍缺乏文体感，表达喜怒哀乐、得失成败、褒贬抑扬时，不是过，就是不及。

晚清以降，中国人经历了版刻时代、报刊时代、广播时代、电视时代、网络时代，每个时代都有自己的理论旗帜以及热门话题，也都因传播方式的变革而催生大量新词，其中有的转瞬即逝，有的则长久留存。对于新词汇、新文体以及新的表达方式，一概拒斥或盲目追风，都不是学者应有的态度。在一个急剧变化的时代，有人随风翩然起舞，有人坚守自家立场，各有各的价值。一般说来，综艺节目主持人偏"俗"，在追求"娱乐至死"的同时，蕴含着民众对于"党八股"的嘲讽，以及某种社会参与意识；而大学校长偏"雅"，尤其是毕业典礼上的致辞，某种意义上代表了文化的承传以及世代的交接，是整个时代的"压舱石"。如今，为了收获更多年轻人的掌声、笑声与尖叫声，大学校长开始转型，向综艺节目主持人靠拢，这就难怪当代中国文化显得轻飘飘，缺乏质感与重量。

无论口头演说还是落笔为文，"典雅"不是评价标准，关键看是否"得体"。若外交部发"淘宝体"招聘启事[1]，在我看来十分可笑；这与大学校长典礼致辞之日趋媚俗，可谓殊途同归，都是以博取一时笑声为目标，而忘了自家的位置与责任。借用章太炎的

---

[1]　2011年8月1日，中国外交部新闻司用微博发出如下招聘启事："亲，你大学本科毕业不？办公软件使用熟练不？英语交流顺溜不？驾照有木有？快来看，中日韩三国合作秘书处招人啦！"此招聘启事引发疯狂转载和热议，参见《外交部"淘宝体"招聘启事引热议网友褒贬不一》（记者侯莎莎），《北京日报》2011年8月3日。

说法，凡有著述，各有其学，也各有其体，能合轨则者方为雅。"故知小说自有雅俗，非有俗无雅也。公牍、小说，尚可言雅，况典章、学说、历史、杂文乎？"而论学衡文，最忌讳的，莫过于"必执一体制以概凡百之体制"[1]。该俗时不俗，或者该雅时不雅，都属于"不得体"。商家用"淘宝体"推销商品是本色当行，可堂堂中华人民共和国的外交部没权这么做；网民说说"姐的娱乐"与"哥的寂寞"，乃轻松的自我调侃，自有其可爱之处，但代表学术尊严的大学校长实在不该在毕业典礼上这么说。[2]

　　回到黄遵宪的诗句，关键在"我"，而不是"口"或"手"。这个"我"，受制于时代、阶层、教养、年龄等。关于文/白、雅/俗、口语/书面语之调适，因人因时因地而异，没有一定之规。在理论上深入思考，那是学者的事；至于一般人，关键是明白自己的身份、地位和教养，说自己的话，写自己的文。

　　因专业背景的缘故，我不擅长也不太关心口语或书面语的内在结构，而更愿意在大的政治/文化语境中，讨论其功能定位，以及二者之间如何互相转化。只因喜欢那种"似是而非""似非而是"的过渡状态，故选择"徘徊"这个词来描述。

1　章绛：《文学论略》（下），《国粹学报》第23期，1906年12月。

2　第三节"文体感的缺失"部分文字，曾以《毕业典礼如何致辞？——警惕"根叔体"的负面效应》为题，发表在《南方都市报》2011年7月8日。之所以将这一节提前刊发，乃有感于"根叔体"的泛滥成灾："又到了毕业季节，媒体上争相报道，某某大学校长如何贴近年轻人，其'典礼致辞'夹杂大量网络语言，获得满堂掌声。原本我就担心，校长们群起效仿，会让'根叔体'变得俗不可耐。现在看来，真的是'不幸而言中'。不管公众如何叫好，作为中文系教授，我有责任站出来，给这个方兴未艾的'热潮'泼泼冷水。"

　　其实，因感叹"无可奈何花落去，似曾相识燕归来"而"小园香径独徘徊"的，还包括本文作者。面对经典文本被冷落、大众阅读快餐化、连饱读诗书的文化人也都丧失了"文体感"这么一种尴尬局面，我担忧五四新文化人（如周作人）所追求的"有雅致的俗语文"[1]离我们越来越远。上有政治权威的宰制，下有普罗大众的压力，读书人还能发出独立的声音并讲求文章之美吗？

1　参见周作人《〈燕知草〉跋》，《永日集》第179页。

附录一 孙中山关于教育的六次演说

据严璩《侯官严先生年谱》，光绪三十一年（1905）严复因事赴伦敦，孙中山慕名来访。谈及改革之难在于中国民品之劣，民智之卑，严复认为："为今之计，惟急从教育上着手，庶几逐渐更新乎"；孙中山则称："俟河之清，人寿几何！君为思想家，鄙人乃实行家也。"[1]思想家与实行家的救国方略不同，看待"教育"的眼光自然也有很大的差异。可这不等于说，孙中山对"百年树人"毫无兴趣；恰恰相反，晚年的孙博士，在戎马倥偬中，多次公开谈论教育问题。

若从1917年护法运动说起，毕生致力于国民革命的孙中山，晚年逐渐从只注重政治与军事，转为兼及教育与宣传。查中国社科院近代史研究所编《孙中山全集》（中华书局，2011年）第四至第十一卷，在众多任命、训令、指令、复函、批文间，起码夹杂

1　严璩：《侯官严先生年谱》，《严复集》第五册第1550页，北京：中华书局，1986年。

十六篇关于教育的专题演说。[1]这里勾稽的是针对学校师生或教育界人士的演讲，不含借用学校场所，主要面对社会各界或党内人士的演讲。唯一感到遗憾的是，1924年1月24日和2月4日孙中山颁布大元帅令，创办影响极为深远的一武（陆军军官学校，即黄埔军校）一文（国立广东大学，后改为中山大学）两大名校，前者有开学典礼致辞，后者则因准备北上，而未能照原计划亲临讲话。考虑到日后中山大学"山高水长"，确定起点很重要，故不能遗漏第九卷的《着创建国立广东大学令》。

　　作为高瞻远瞩的革命家，孙中山面对教育界人士时，大都谈的是政治，如"救国之急务"，或"三民主义的精髓"。但以下六篇演说，更多切入教育问题，其提问方式及思考问题的方向别具一格，至今仍有其独特魅力。现按时间顺序排列，借以观察政治家眼中"理想的教育"到底是怎样的——如此考古式发掘，目的是邀请其参与当下教育改革的对话。

1　如收入第四卷的《在广东省学界欢迎会上的演说》（1917年7月21日），收入第五卷的《在上海寰球中国学生会的演说》（1919年10月18日）、《在广州陆军学堂的演说》（1921年4月4日）、《在广东省教育会的演说》（1921年4月4日）、《在广东省第五次教育大会上的演说》（1921年6月30日）、《在广东省第五次教育大会闭幕式的演说》（1921年6月30日），收入第六卷的《在桂林学界欢迎会的演说》（1922年1月22日），收入第七卷的《在香港大学的演说》（1923年2月19日），收入第八卷的《在广州全国学生评议会的演说》（1923年8月15日）、《在广州岭南学生欢迎会的演说》（1923年12月21日），收入第十卷的《在广东第一女子师范学校校庆纪念会的演说》（1924年4月4日）、《在岭南大学黄花岗纪念会的演说》（1924年5月2日）、《在陆军军官学校开学典礼的演说》（1924年6月16日）、《在广州国民党讲习所开学典礼的演说》（1924年6月29日），收入第十一卷的《在黄埔军官学校的告别演说》（1924年11月3日）、《在长崎对中国留日学生代表的演说》（1924年11月23日）等。

　　1921年6月30日，孙中山在广东省第五次教育大会闭幕式发表演说，称："政治的力量，足以改造人心，改造社会，为用至弘，成效至著。然每闻教育家之言，曰'以不谈政治为高'。此种谬说，不知其何所据而云然？……所谓齐家、治国、平天下，非政治教育而何？孔子且以政治为第一要务，而今之教育家辄舍政治而不谈，何也？"[1]在孙中山看来，"教育家应指导人民谈政治，若仍以不谈为高，为害匪浅"。而此等"谬说"，一成于专制官僚，一来自西洋留学生："欧美留学生对于不谈政治之（这）一点，实大错误，实误会之极。盖英文Politics有三解，一解为国事；一解为党争；凡无聊自私之政客结党营私，亦以政治名词称之。与我国所谓政治，专指国事而言者不同。"[2]这里可能各有误会——现实生活中，教育不能完全脱离政治，但政治确有高尚与卑劣之分。教育家之所以"不谈政治"，很大程度上是一种抗议姿态，目的是保持独立思考与自由表达；而孙中山想象中的中国人谈政治不含私欲而纯为国事，也未免过于理想化了。

　　1919年6月16日成立于上海的全国学生联合会，因屡受北洋军阀打压，第五次评议会被迫转场广州，于1923年8月15日在广东高师礼堂召开。孙中山应邀在开幕式上演讲，大意讲到"世界上的学问，是少数人发明的，古今中外，多数人总是不知不觉的"，因此，新时代的大学生责任重大："你们要实行自己的宗旨，不要处处迁就民意，甚至于（与）民意相反，也是势所不恤的。学生

1　孙中山：《在广东省第五次教育大会闭幕式的演说》，中国社科院近代史研究所编：《孙中山全集》第五卷第563页，北京：中华书局，2011年。

2　同上书，第564页。

是读书明理的人，是指导社会的，若不能以先知觉后知，以先觉觉后觉，而苟且从俗，随波逐流，那就无贵乎有学生了。"[1] 对于"五四"运动中青年学生"以革新思想为将来革新事业之预备"，孙中山印象十分深刻。1920年1月29日《与海外国民党同志书》中称："此种新文化运动，在我国今日，诚思想界空前之大变动。"[2] 这就难怪，孙中山对"读书明理"的青年学生寄予如此厚望。

大约四个月后，具体说是1923年12月21日，孙中山应邀到广州的岭南大学演讲，谈及"立志是读书人最要紧的一件事"。问题在于，到底该"立"什么样的"志"？"中国几千年以来，有志的人本不少，但是他们那种立志的旧思想，专注重发达个人，为个人谋幸福，和近代的思想大不相合。"[3] 以下这段话，百年后仍

图6-1 左右二图为1923年孙中山赴岭南大学演讲后所摄
（刊于《良友》1926年孙中山先生纪念特刊）

---

1 孙中山：《在广州全国学生评议会的演说》，《孙中山全集》第八卷第114页。
2 孙中山：《关于五四运动》，《孙中山选集》第482页，北京：人民出版社，1981年第二版。
3 孙中山：《在广州岭南学生欢迎会的演说》，《孙中山全集》第八卷第534—535页。

在康乐园里回荡：“我读古今中外的历史，知道世界极有名的人，不全是从政治事业一方面做成功的；有在政权上一时极有势力的人，后来并不知名的；有极知名的人，完全是在政治范围之外的。简单的说，古今人物之名望的高大，不是在他所做的官大，是在他所做的事业成功。如果一件事业能够成功，便能够享大名。所以我劝诸君立志，是要做大事，不可要做大官。”[1]至于什么叫“大事”，孙中山的解释是：“无论那一件事，只要从头至尾，彻底做成功，便是大事。”具体论述时，用的是法国人柏斯多（微生物学家）、英国人达尔文（生物学家、进化论的奠基人）作为例子。这篇演讲的主旨，与蔡元培1917年1月9日《就任北京大学校长之演说》很接近[2]，都是力图破除中国人读书做官的旧梦。“立志要做大事，不可要做大官”这句话，日后被镌刻在怀士堂上，成为早年的岭南大学、1950年代以后中山大学的精神支柱，我曾在文章中再三致意。[3]

　　1924年4月4日，孙中山应邀在广东第一女子师范学校校庆纪念会演说，主旨依旧是三民主义，只不过话锋一转，切入了与师范学校密切相关的平民教育问题：实行民生主义，是为了让国家富强；国家有钱后，第一要务“就是要办教育”。“五四”时期，不少先进知识分子将中国的落后归咎于文盲众多。因此，推行平

1　孙中山：《在广州岭南学生欢迎会的演说》，《孙中山全集》第八卷第535页。

2　参见蔡元培《就任北京大学校长之演说》，《蔡元培全集》第三卷第5—7页，北京：中华书局，1984年。

3　参见陈平原《最后一个“王者师”》，初刊《读书》1996年第3期，收入《当年游侠人——现代中国的文人与学者》（生活·读书·新知三联书店，2006年）时有更正；《“做大事”与“做大官”》，《南方都市报》2013年6月25日。

民教育便成了重要的救国方略。北京大学的平民教育讲演团与北京高等师范学校的平民教育社是这方面的急先锋，做了很多有益的尝试。孙中山从政治家的高度，将此话题纳入民生主义的论述，既符合时代潮流，又在理论上有所推进。在孙博士看来，这是国家制度及经济实力的问题，不应局限在教育层面讨论。"现在广东办了不少的平民学校，穷家的小孩子，像水上的儿童和乡村的儿童能不能够都到平民学校内去读书呢？平民学校不收学费，并且发给书籍，穷家小孩子本可以去读书。但是乡下的小孩子要去放牛，每天要赚几毫钱。水上的小孩子要去划船，每日要赚两毫钱。"要让穷人家的孩子上学，为国家储备人才，单是不收学费还不够，还必须"要那些小孩子自出世以后，自小长成人，国家都有教有养，不要小孩子的父母担忧"。道理确实是这样，可这必须是国家有钱，且肯用在教育上，这就又回到了孙中山倡导的三民主义："我们实行民生主义，国家发了大财，将来不但是要那一般平民能够读书，并且要那一般平民有养活。壮年没有工做的，国家便多办工厂，要人人都有事业。老年不能做工的，又没有子女亲戚养活的，所谓鳏、寡、孤、独四种无告的人民，国家便有养老费。国家的大作用，就是设官分治，替人民谋幸福的。"[1]这当然是理想状态，可历经百年奋斗，今日中国，国家财政投入大大增加，《义务教育法》也得到了很好的落实，即便如此，我们也不敢说穷家小孩子上学问题完全解决了。

1　孙中山：《在广东第一女子师范学校校庆纪念会的演说》，《孙中山全集》第十卷第24页。

　　作为经天纬地的政治家，孙中山心目中的"教育"，除了普通的国民教育，还兼及培育军事人才的陆军军官学校，以及养成宣传人才的国民党讲习所。前者乃声名显赫的黄埔军校，后者则湮没无闻，但我坚信与1927年蒋介石创办的中央政治学校有某种精神联系。

　　1924年6月16日，孙中山在陆军军官学校开学典礼上演说，断言："军队之能不能够革命，是在乎各位将士之有没有革命志气，不是在乎武器之精良不精良。"[1]无论是晚清操练的新军，还是眼下北洋军阀所办保定军官学校和北京陆军大学，军械好且人数多，但没有革命精神，"不是为升官发财，就是为吃饭穿衣，毫没有救国救民的思想和革命的志气"，故不足为虑。既然是学校，就得"要

图6-2　孙中山在黄埔军官学校向学生演说
（《良友》1926年孙中山先生纪念特刊）

1　孙中山：《在陆军军官学校开学典礼上的演说》，《孙中山全集》第十卷第296页。

有高深学问做根本！有了高深学问，才有大胆量；有了大胆量，才可以做革命军"。但军校的教学方式，不是死读书，"要学先生所教的学问，还要举一隅而三隅反，自己去推广"，更重要的是要有做革命军的远大志向："革命是非常事业，不是寻常事业，非常事业决不可以寻常的道理一概而论。现在求学的时代，能够学得多少便是多少，只要另外加以革命精神，便可以利用；如果没有革命精神，就是一生学到老，死记得满腹的学问，总是没有用处。"[1]

陆军军官学校开学半个月后，1924年6月29日，孙中山又在广州国民党讲习所开学典礼演说，称："本党自改组后，我们便着手开办一个陆军军官学校。今晚上在此地又开办一个宣传讲习所。这两件事，都是为本党主义来奋斗的事业。军官学校是教学生用枪炮去奋斗，这个讲习所是教学生用语言文字去奋斗。"[2]这一思路，明显受苏俄影响，是其联俄、联共、扶助农工三大政策的具体体现。此前半年，孙中山曾在广州对国民党员演说，强调"我们用已往的历史来证明，世界上的文明进步，多半是由于宣传"；因此，"这次国民党改组，变更奋斗的方法，注重宣传，不注重军事"[3]。不重军事是假，突出宣传是真，要不怎么会先建军官学校，后立政治讲习所？关键是痛定思痛，明白干革命单有枪炮不够，还得辅以语言文字："从前把枪炮的力量比宣传的力量看得太重，

1　孙中山：《在陆军军官学校开学典礼上的演说》，《孙中山全集》第十卷第297页。

2　孙中山：《在广州国民党讲习所开学典礼的演说》，《孙中山全集》第十卷第349页。

3　孙中山：《宣传造成群力》，《孙中山选集》第557、556页。

少向宣传那一方面去奋斗，所以用枪炮去奋斗，虽然是已经成功，论到革命事业，还不能得甚么结果。现在我们应该晓得，初期的革命，十分重要的是枪炮奋斗；后来的革命，更加重要的还是宣传奋斗。如果我们没有宣传的奋斗，那末，我们用枪炮奋斗得来的结果便不能保持，这就是十三年来革命失败的重要原因。"[1]这一兼及枪杆子与笔杆子的建党方略，国共两党都有领悟，只不过共产党体会更深，贯彻得更彻底，实践得也更成功。

这就说到了教育史的论述角度问题。不归教育部管辖、不发博士文凭的党校与军校，其办学宗旨、培育方案、课程设置及教学方式，无疑与普通高校有异。但研究者不该一把尺子量天下，将其完全排除在教育史的视野之外。在实际生活（尤其是政治运作）中，党校及军校的作用不可低估。今日中国，中央党校与国防大学的政治地位，远非一般大学所能望其项背。教育史家在关注国民的学历教育的同时，最好能兼及政治家的立场，承认"宣传"与"军事"也是一门高深的学问。

同是谈教育，政治家与学问家，因立场及视野不同，下判断时会有很大差异。百年后回望，可以看得很清楚。晚年孙中山对于教育功用的理解与强调，更多地基于党派立场，但其一连串叩问——如教育家是否以不谈政治为高、青年学生到底该承担什么样的社会责任、做大事与做大官的关系、平民教育怎样推进、高深学问与革命精神如何协调、枪炮的奋斗能否与语言文字的奋斗相辅

1　孙中山：《在广州国民党讲习所开学典礼的演说》，《孙中山全集》第十卷第349—350页。

相成等，都是"真问题"，时至今日，依旧值得我们认真回应。

2016年10月9日于京西圆明园花园

（此乃作者2016年10月23日在"2016北京中山论坛——孙中山与中国梦"

上的发言，初刊《中华读书报》2016年10月19日）

附录二　作为演说家的闻一多

　　一直在寻找闻一多演说的照片，因为在我看来，闻一多（1899—1946）不仅是伟大的诗人、学者、斗士，也是杰出的演说家。听闻上海图书馆"荟集近代报刊百万图片，编织风云变幻百年画卷"的"图述百年——中国近代文献图库"开放，大喜过望，赶紧请人帮忙检索，可惜只找到一张《在昆明的作家·诗人闻一多》[1]。也就是说，到目前为止，我见到的闻一多演说照片，依旧是原先的两张，一见1946年版《人民英烈——李公朴闻一多先生遇刺纪实》，一载1948年开明书店/1982年三联书店版《闻一多全集》。前者是近景，显示讲者神态；后者乃远景，展现演说场面，合而观之，可以遥想先生当年。不过，这两张照片初刊时的注释不准确，承蒙闻一多嫡孙、原中国社会科学院近代史研究所研究员闻黎明先生发给我湖北浠水闻一多纪念馆照片，两相对照，方知后者不是"1945年在昆明演讲"，而是1944年12月15日在云南各界纪念"护国起义"29周年大会上演说；前者也并非含糊的"闻

1　《在昆明的作家》分别记录了沈从文、冰心、闻一多、施蛰存与穆木天、钱歌川与潘家洵，杨立达摄，《良友》1939年第146期。

图7-1　《人民英烈》，1946年

一多先生向学生演讲"，而是1946年2月27日闻一多在西南联大召开的"庆祝政治协商会议成功等"大会上演说。

为何执着于这些细节？就因闻一多《最后一次的讲演》多次进入中学语文课本，除了政治立场、诗人气质、修辞手法，还有语文教学中对于"演说"这一技能的强调。1946年7月15日，闻一多在云南大学至公堂的李公朴追悼会上即席演讲。此前三天，李公朴被暗杀，闻一多在演讲中痛斥当局的卑劣行径。当天下午，闻一多也被暗杀——此事对于民心向背起决定性作用，也是此后民主运动蓬勃兴起的重要契机，故历来备受史家关注。而闻一多此次的讲演有各种版本，如上述《闻一多全集》所收《最后一次的讲演》，依据的是1946年西南联大《除夕副刊》主编的《联大八年》，该文副题"在云大至公堂李公朴夫人报告李先生死难经过大

图7-2　生活·读书·新知三联书店，
1982年

会上的讲演"，连同《闻一多先生死难经过》《闻一多先生史略》，都署"资料室编"。1946年版《人民英烈——李公朴闻一多先生遇刺纪实》也有一篇《闻一多教授最后一次演讲》，署名"白衣"，文后注："七月十六日闻教授遇难后追记于昆明。"此文并非完整记录，而是夹叙夹议，引文没有大的出入，有趣的是那些关于闻一多演说姿态的描述："他压抑着悲愤，强装出镇定的口吻开始说"；"接着是强大的声音"；"爆炸出更强烈的声音，闻教授挺起了胸膛无畏的喊"；"接着，他降低了声调，慢沉的叙述着"；"他再也忍受不了，他沉痛地呼喊"；"他鞭挞着那些卑鄙龌龊的灵魂"；"他再一次坚强地说"；"满怀着信心，他说"；"最后，他无畏的说"。[1]引语

1　白衣:《闻一多教授最后一次演讲》，《人民英烈——李公朴闻一多先生遇刺纪实》第39—42页，李闻二烈士纪念委员会编印，1946年。

图7-3　1944年12月闻一多在云南各界纪念"护国运动"
29周年大会上演说（刊于《闻一多全集》）

与其他版本大同小异，很大程度是因演讲实在精彩，名言警句迭出，让人过目不忘。

当初并没有录音，也未安排速记，故不同版本的记录稿，内容与语气上不无差异。最终进入中学《语文》课本的，是《民主周刊》的版本——对照《联大八年》的本子，确实更有神采。比如下面这段文字，【】中的不见于《联大八年》本：

大家都有一枝笔，有一张嘴，有什么理由拿出来讲啊！有事实拿出来说啊！为什么要打要杀，【而且又不敢光明正大的来打来杀，】而偷偷摸摸的来暗杀！这成什么话？今天，这里有没有特务？你站出来！【是好汉的站出来！】你

出来讲！凭什么要杀死李先生？ [1]

内容没多少差别，可有了【 】中文字，无疑更为精彩，你甚至连演说者的神情以及肢体动作都能想象得出来。

初刊1946年8月2日《民主周刊》第3卷第19期的这篇记录稿，原题《闻一多同志不朽的遗言——在云大的演讲》，日后进入语文课本时做了两个重要修订，一是删去"现在司徒雷登出任美驻华大使"那一段，二是增加了闻一多原先写给《学生报》的题词："反动派，你看见一个倒下去，可以看见千百万个继起的！正义是杀不完的，因为真理永远存在！"这篇演说进入语文课本的故事广为人知，我更想谈论的，是那些最初的悼念文章，是如何怀念"声犹在耳""音容宛在"的闻一多先生的。

这里以《人民英烈——李公朴闻一多先生遇刺纪实》为例，此书扉页署"李闻二烈士纪念委员会编印"，印制时间是1946年，共380页，编辑及发行均为"李闻二烈士纪念委员会"，代售者全国各大书局，定价每册国币两千元。此书当年影响极大，流行也很广，北京大学图书馆现藏11册。此书有关闻一多部分，吴晗出力最多，也最精彩。除了前面的《闻一多先生传》，"人民之声"部分还有以下四文：《哭一多》（7月17日夜）、《哭亡友闻一多先生》（18日午）、《哭一多父子》（18日）、《闻一多先生之死》（未署写作时间）。我关心的是，除了慷慨激昂的政治论述，文中不时闪现的那些让人难以忘怀的"声音"。

　　据说当年昆明的民主集会上，每当闻一多与吴晗同时出现，往往是吴晗第一个发言，引入正题；闻一多做最后的总结，推向高潮。如此珠联璧合，难怪吴晗的回忆文章，常提及闻先生的演说。如《哭一多》称："一部好胡子配上发光的眼睛，在演讲，在谈话紧张的时候，分外觉得话有分量，尤其是眼睛，简直像照妖镜，使有亏心事的人对他不敢正视。"[1]《哭一多父子》提及走出书斋参加群众运动的闻一多"像一头愤怒的狮子"："我记得你洪亮的声音，激昂的神情，飘拂的长髯，炯炯的目光。在每一次群众大会中，在每一次演讲会中，座谈会中。我也记得你每一次所说的话。"[2]而《闻一多先生之死》谈到7月15日在云大举办李公朴先生事迹报告会，"原定出席的讲演人临时因事没有来，一多先生被拉上讲台"："这一次他讲得很温和，声调也很低，只是在结束时，说了这样一段话，他愤慨地说：'如此卑鄙，如此无耻，我真想象不出这些人是不是"人"！在场的特务请站出来，让我们看看是什么一副嘴脸。'"[3]真没想到，让后世读者热血沸腾的"最后一次的讲演"，在吴晗眼中还是"讲得很温和"，可见他平时的演说风格。

　　1947年11月4日吴晗为开明书店版《闻一多全集》撰写"跋"，其中有这么一大段，专门描述闻一多的演说姿态：

　　　　一多是很会说话的，平时娓娓而谈，使人忘倦。晚年

1　吴晗：《哭一多》，《人民英烈——李公朴闻一多先生遇刺纪实》第240页。

2　吴晗：《哭一多父子》，《人民英烈——李公朴闻一多先生遇刺纪实》第249页。

3　吴晗：《闻一多先生之死》，《人民英烈——李公朴闻一多先生遇刺纪实》第256页。

思想搞通了，又擅长于说理，尽管对方有成见，固执得像一块石头，他还是沉得住气，慢慢道来，拿出大道理，说得人口服心服。在大集会里，他又会另一套，一登台便作狮子吼，配上他那飘拂的长髯，炯炯的眼神，不消几句话，就把气氛转变，群众情绪提高到极度，每一句话都打进人的心坎里去。虽然，在事先并无准备，甚至连讲的纲要内容都没有写下。[1]

不仅政治演说，闻一多的学术演说同样很吸引人。1942年11月6日，闻一多在西南联大讲"伏羲的传说"。讲这样的题目也能吸引那么多听众，这才叫本事。朱自清在当天的日记中感叹："晚间听一多演讲，妙极。非常羡慕他，听众冒雨而来，挤满教室。"[2]晚年的闻一多，被朋友们看成是"少有的天才的宣传鼓动家"，"万千群众随他的欢呼而欢呼，随他的愤怒而愤怒"[3]；而有闻一多出席的场合，"他的演讲是异常得到青年人的拥戴，每次演讲，听众总是五六千至二三万人，演讲时总是掌声不绝"[4]。仔细辨认闻一多演说照片，讲台上是有麦克风，可要让广场上数千乃至上万听众"掌声不断"，除了政治激情，还得有很好的演说技巧。就像吴晗

1　吴晗：《〈闻一多全集〉跋》，《闻一多全集》第四卷，北京：生活·读书·新知三联书店，1982年。

2　朱乔森编：《朱自清全集》第十卷第207页，南京：江苏教育出版社，1997年。

3　费孝通：《难得难忘的良师益友》，许毓峰等编：《闻一多研究资料》上册第188页，太原：北岳文艺出版社，1986年。

4　张友渔：《斗争才能生存，退缩便是罪恶》，《人民英烈——李公朴闻一多先生遇刺纪实》第182页。

《〈闻一多全集〉跋》说的，"他在晚年的若干次著名的讲演，都已收进了这集子里了。虽然已经变成了文字，那声调，那情态，无法记录下来"[1]，我们只能根据回忆录等历史资料悬想与重构。

文字寿于金石，声音随风飘逝。关于晚清以降"演说"的提倡与普及，如1899年梁启超的"传播文明三利器"，1901年蔡元培出任南洋公学特班总教习后着意培养学生们的演说能力，1912年元月蔡元培出任中华民国首任教育部长，当即通电各省都督，促其推行以演说为中心的社会教育，还有北京大学的"平民教育讲演团"和"北京大学雄辩会"，我在《有声的中国——"演说"与近现代中国文章变革》[2]等文中多有涉及。这里只想强调，演说是可以训练的，也有相关课程及教材，这方面清华的做法最有成效。作为留美预备学校起家的清华，对于演说课程的重视，在当时的中国无出其右者。学校里不但安排了演讲教练，配备了专门课本，还要求学生从中等科四年级起，必须练习演说三年。校园里，于是活跃着各种练习演说与辩论的学生社团，如英文方面的"文友会""英语演说辩论会""得而他社"，国语方面的"达辞社""辞命研究会""国语演说辩论会"等。此外，学校还设立了专门的演说辩论委员会，负责定期举办校内以及校级的演讲比赛。[3]

在我翻阅过的五六十种晚清以降的演说学著作中，学术上

1　吴晗：《〈闻一多全集〉跋》，《闻一多全集》第四卷。

2　参见陈平原《有声的中国——"演说"与近现代中国文章变革》，《文学评论》2007年第3期。

3　参见苏云峰《从清华学堂到清华大学（1911—1929）》第301—309页，台北："中央研究院"近代史研究所，1996年。

最有深度的，一是清华学生费培杰翻译的《辩论术之实习与学理》（1921），一是北大教育系讲师张孟休编述的《听众心理学》（1938）。后者多依据何林华（H. L. Hollingworth）的近著 *The Psychology of the Audience* 编译，主要讨论"一个演说者要征服他的听众"的五项任务，最后还提供了可操作的50条建议。前者的情况比较复杂，译者主要依据 V. A. Ketcham 1914年版 *The Theory and Practice of Argumentation and Debate*，翻译中替换了若干例子，但译文力求忠实。该书由商务印书馆刊行，列入"时代丛书"，封面署"共学社，1921"。共学社由梁启超发起，众多文化名流参与，编译欧美新书是其主要职责。这本书明显属于清华教材，出版时间署在封面上，我见到了1922、1923、1924、1925、1926等不同年份的版本。初刊本上有清华学校校长金邦正的"序"："学术思想之目的在求真理，而辩论术即是研求真理的种种方法之一。"[1]而梁启超的"序"说得更复杂：印度及欧洲以雄辩为公共娱乐之一，而"吾国之文化，他事或不后人，而独于此何寂寂也？"

　　这本被梁启超寄予厚望的《辩论术之实习与学理》分上下编，第一编"辩论术之实习"包括以下章节——题目、题目分析、证据、编要略、编辩词、覆辩、演述辩词；第二编"辩论术之学理"包括归纳论证、演绎论证、因果论证、类比论证、谬误、驳论。作者在序言中特别说明，应该先实践后学理，以步步为营的训练为主。也正因此，全书最后附录"辩论的题目"，含社会类27则

1　金邦正：《〈辩论术之实习与学理〉序》，Ketcham：《辩论术之实习与学理》，费培杰译，上海：商务印书馆，1921年。

（印刷出版应享绝对的自由；国家应废除死刑；一夫多妻制应加禁止等）、政治经济类28则（中国应采行联省自治制；中国应行普通选举；中国总统任期应加多一年等），以及教育类52则。关键在于，以上题目都是可以辩论的，是非对错并非一目了然，须考虑正反两方面的观点。如此重技术而非立场的训练，有利于开阔学生视野，这也是清华演说课业的最大特点。

　　闻一多1922年毕业于清华学校，在读期间使用的演说教材，是否包括这册1914年出版的英文著作，目前没有确凿的证据。但清华读书期间，闻一多重视演说课程，这点毫无疑问。翻阅闻黎明、侯菊坤编著《闻一多年谱长编》（增订版），我们起码可以知道：1913年11月8日闻一多参与发起课余补习会，这学会分为图书、演说、练习三部；而演说部的要求是："周有常会一次，以练习演说或辩论，期之终有比赛，优者奖之，以资鼓励。"1914年3月14日辛酉级与庚申级举行联合辩论会，题为"今日中国小学校能否有读经"，闻一多任本级主辩。1916年5月26日清华学校中等科成立联合演说辩论团，闻一多为成员。1917年10月30日清华组织全校性演说辩论会，辛酉级选出七名选手，其中包括闻一多。[1]

　　再看收入湖北人民出版社版《闻一多全集》第十二卷的《仪老日记》，1919年1月4日："近来演说课练习渐疏，不猛起直追，恐便落人后。"1月6日："作文演说果降列中等，此大耻奇辱也。"1月7日："十一时后，在钟台下练'CROSS OF GOLD'演说八

1　参见闻黎明、侯菊坤编著《闻一多年谱长编》（增订版）第25、28、39、57页，上海：上海交通大学出版社，2014年。

遍。"1月8日："夜偕德明习演说。"1月9日："夜出外习演说十二遍。"1月10日："演说略有进步，当益求精至。"1月11日："练演说。"1月14日："夜至凉亭，练演说三遍，祁寒不可禁，乃返。"1月15日："温国文，习演说。"[1]十二天日记中，竟有九次关于练习演说的记录，可见闻一多对此门功课的用心与用力。

从1912年入学，到1922年赴美，闻一多在清华园里度过了十年光阴。作为留美预备学校起家的清华，对于演说课程的重视，花那么多工夫训练学生的演说能力（从文辞、结构、语速、声调，到手势、眼神以及心理素质），是否值得，当时及后世均有争议。虽然闻一多在《恢复伦理演讲》中对学校将伦理演讲变成纯粹的学术演讲有所批评[2]，但不妨碍他在演说课程上投入巨大精力。

二十多年后，作为西南联大教授的闻一多，毅然决然走出安静的书斋，投身昆明的民主运动，在很多群众场合即席演讲，其得心应手、挥洒自如，显然与早年清华打下的底子密不可分。诗人杜运燮在《时代的创伤》中称：

这是我第一次看见他在群众大会上演说。他具有诗人的表现情感与思想的适当美丽辞句，革命家的热情，演说家所需要的宏亮的好嗓子，而且他对朋众心理亦有深切的认识，了解他的听众，所以他的有力的警句便不断地自他

1　《闻一多全集》第十二卷第411—415页，武汉：湖北人民出版社，1993年。
2　参见一多《恢复伦理演讲》，《清华周刊》第218期，1921年4月29日。

那围有山羊胡须的嘴里流出来，朋众不断地报以最热烈的掌声。那是非常动人的场面，所有听众莫不以得能参加那感情泛滥的狂潮为光荣。[1]

这里将闻一多的演说成功归结为诗人的辞句、革命家的热情以及演说家的好嗓子，可谓别有幽怀——尤其是最后一点，并非可有可无。所谓演说的训练，就包括如何使用嗓子与手势。

当然，最关键的还是革命的热情。吴晗《哭亡友闻一多先生》称："终于有一天，这位诗人、学者、教授，被赶出象牙之塔了，正如他自己所说的，被撵到十字街头。"[2]应该追问的是，闻一多到底是在哪一天以及什么缘由走出象牙塔的。吴晗《哭一多》以及郭沫若《〈闻一多全集〉序》都提及1944年5月3日晚上在昆明的西南联大新舍南区十号教室举行的五四历史座谈会[3]，就连闻一多自己也说："联大风气开始改变，应该从三十三年算起，那一年政府改三月二十九日为青年节，引起了教授和同学们的一致的愤慨。"[4]

1944年5月3日，西南联大历史学会主持"五四"运动25周年纪念座谈会，闻一多、张奚若、周炳琳、吴晗、雷海宗、沈有鼎等教授应邀出席并演讲，闻一多的演讲记录整理后发表在《大

1　杜运燮：《时代的创伤》，《萌芽》第1卷第2期，1946年8月。
2　吴晗：《哭亡友闻一多先生》，《人民英烈——李公朴闻一多先生遇刺纪实》第245页。
3　参见吴晗《哭一多》，《人民英烈——李公朴闻一多先生遇刺纪实》第241页；郭沫若《〈闻一多全集〉序》，《闻一多全集》第一卷，北京：生活·读书·新知三联书店，1982年。
4　闻一多：《八年的回顾与感想》，《闻一多全集》第三卷第549页。

路》杂志第5期，后收入开明书店1948年版《闻一多全集》等，题为"五四历史座谈"，其中最关键的一句话是："负起五四的责任是不容易的，因为人家不许我们负呀！"[1]为什么这么说？因1944年3月国民政府宣布取消"五四"纪念，以黄花岗起义日为青年节，这明显是针对1939年陕甘宁边区之确定"五四"为青年节，此举引起西南联大师生的强烈不满，故这一年的"五四"纪念会便特别引人注目。闻一多在周炳琳、张奚若之后发言，其中有："你们现在好像是在审判我，因为我是在被革命的系——中文系里面的。但是我要和你们里应外合！"[2]这里略有误解，但闻一多强调作为革命精神的"五四"与作为传统文化象征的"中文"之间立场上的差异，值得充分关注。一年后，闻一多发表《五四运动的历史法则》，指出："请注意，帝国主义突然退出，封建势力马上抬头，跟着人民的力量也就将它一把抓住，经过一番苦斗，终于将它打倒——这历史公式，特别在今天，是值得我们深深玩味的。"[3]虽碰到严峻的挑战，闻一多依旧乐观，相信人民力量强大，还专门论述了四个方面的进步表现。

捍卫"五四"精神，批判当下社会，这两者互为因果并构成合力。接下来的两年，闻一多政治上越来越激进，演说也越来越精彩。除了立场变化，还与集会演说这一特定的言论氛围有关——凡多人演说，后登台的必定越说越激动。从《在抗日战争七周年时事座谈会上的演讲》（1944年7月7日）开始，激情、热

1　闻一多：《五四历史座谈》，《闻一多全集》第三卷第537页。

2　同上书，第536页。

3　闻一多：《五四运动的历史法则》，《闻一多全集》第三卷第483页。

血与悲愤互相激荡，经由《在鲁迅逝世八周年纪念会上的讲话》（1944年10月19日）、《在"一二·一"四烈士公祭会上的演讲》（1946年3月17日）、《在联大校友话别会上的演讲》（1946年4月14日），一步步走向人生最后的高潮，那就是《最后一次的讲演》（1946年7月15日）。

吴晗《闻一多先生传》说得很好："一个纯粹的诗人，第一流的学者，爱美，推崇浪漫派，中年虽然归于平实，还是成天在故纸堆中摸索，自得其乐的人，突然，又一变而走上追求民主的道路，战斗的生活。/ 说突然，其实并不突然。/正当五四运动的时候，一多先生在北京清华学校读书，因为文笔好，被推选为学生会书记，用笔参加战斗，尽了他一份力量。"¹晚年闻一多的拍案而起，除了现实政治的启迪、诗人气质的支撑、党派立场的鼓励，还有就是关于"五四"运动的巨大争议——为了捍卫"五四"立场，那个曾经意气风发的少年又回来了。

说到这里，请记得1921年那幅插图——天安门前的演说。《清华年报》（*TSINGHUAPPER*）即清华学校1921届毕业班纪念集中，刊有闻一多创作的书籍装帧，图片上方是"BEFORE THE AUDIENCE"，至于"天安门前的青年讲演者"，那是《拍案颂——闻一多纪念图文集》编者代拟的题目。²将1921年所绘天安门前演说的插画，与1946年昆明演说的照片相对读，相隔25年的呐喊（声音），竟如此遥相呼应，实在让人叹为观止。

1　吴晗：《闻一多先生传》，《人民英烈——李公朴闻一多先生遇刺纪实》第9页。
2　参见闻立树、闻立欣编撰《拍案颂——闻一多纪念与研究图文录》第393页，北京：北京图书馆出版社，2007年。

BEFORE THE AUDIENCE

图7-4　闻一多创作的书籍装饰
"BEFORE THE AUDIENCE"

　　我曾经说过，中国人谈"五四"，既是历史，也是现实；既是学术，也是精神——作为后来者，我们必须跟诸如"五四"（包括思想学说、文化潮流、政治运作等）这样的关键时刻、关键人物、关键学说，保持不断的对话关系。这是一种必要的"思维操练"，也是走向心灵成熟的必由之路。[1]众多"五四"老人对于"五四精神"的呵护、捍卫与坚持，包含了理想、激情与青春记忆，而闻一多前后呼应的演说状态，便是再好不过的例子。

2019年11月15日修订于深圳南山旅次

（初刊《文汇报·文汇学人》2019年11月22日）

1　参见陈平原《作为一种思想操练的五四》，北京：北京大学出版社，2018年。

附录三 "演说现场"的复原与阐释
——"现代学者演说现场"丛书总序

　　按使用的功能，晚清以降的"演说"，大致可分为两类：一是政治宣传与社会动员，二是文化传播与学术普及。前一类声名显赫，后一类影响深远；与学界同行的思路不太一样，我更关注后一种演说，因其与现代中国学术及文章的变革生命攸关。至于与"演说"三足鼎立的现代教育制度的正式确立以及报章书局的大量涌现，使得学者们很少只是"笔耕不辍"，其"口说"多少都在媒体或文集中留下了痕迹。介于专业著述与日常谈话之间的"演说"，成了我们理解那个时代学人的生活与学问的最佳途径。于是，我决定选择章太炎、梁启超等十几位著名学者作为研究对象，探讨"演说"如何影响其思维、行动与表达。演讲者"说什么"固然重要，可我更关注其"怎样说"——包括演说的姿态、现场的氛围、听众的反应、传播的途径，还有日后的"无尽遐思"等。换句话说，我希望兼及"演说"的"内容"与"形式"。

　　作为"传播文明三利器"之一的"演说"，与近现代中国思想文化进程关系密切，这点我很早就意识到，只是一直犹豫不决，到底该从新式学堂的演讲课程入手，还是专注于某些著名学者的学问人生，抑或着重考察其与文体变迁的关系。1999年春，为纪念"五四"运动八十周年，我构思了《"雄辩会"与"讲演团"——兼及"五四"青年的文化姿态与思维方式》一文，可惜半途而废，只留下"五彩缤纷"的论文提要和一地散钱。而从谈论章太炎避难东京时如何将那些压在纸背的政治欲望，在"讲学"中借助各种穿插，表达得淋漓尽致[1]，到描述国学大师章太炎、梁启超以及新文化主将胡适、周作人，基于各自不同的文化理想，怎样分别在上海、南京、天津和北京登坛说法，讲授各自所擅长的专深学问[2]；再到辨析鲁迅和胡适各自的述学文体与演讲活动的关系[3]，以及综合考察性质的《有声的中国——"演说"与近代中国文章变革》[4]，我主要探讨的是：晚清以降，述学之文同样面临自我更新的使命，实现这一使命，主要通过两个途径，一是严复、梁启超、王国维等新学之士所积极从事的输入新术语、新语法乃至新的文章体式，借以丰富汉语的表达能力（这一努力，符合百年中国"现代化进程"的大趋势，一直受到学界的重视），一是章

1　参见陈平原《学问该如何表述——以〈章太炎的白话文〉为中心》，《章太炎的白话文》第1—52页，贵阳：贵州教育出版社，2001年；此文修改后，成为拙著《触摸历史与进入五四》第四章，北京：北京大学出版社，2005年。

2　参见陈平原《学术讲演与白话文学——1922年的"风景"》，此文摘要刊《文汇读书周报》2002年5月31日，全文刊《现代中国》第三辑，武汉：湖北教育出版社，2003年；并收入《现代中国的述学文体》。

3　参见陈平原《分裂的趣味与抵抗的立场——鲁迅的述学文体及其接受》，《文学评论》2005年第5期；《胡适的述学文体》，《学术月刊》2002年第7、8期。

4　本文曾于2005年4月28日在东京大学和北京大学联合主办的"亚洲视野中的中国学"、2006年1月20日在韩国成均馆大学举行的"东亚近代言文秩序的形成与再编"国际学术研讨会上宣读。

太炎、蔡元培以及鲁迅、胡适等，面对新的读者趣味和时代要求，在系统讲授中国文化的过程中，提升了现代书面语的学术含量，为日后"白话"成为有效的述学工具，做出了独特的贡献。

回过头来，反省学界对五四白话文运动的论述，有几点必须修正：第一，《新青年》同人在提倡白话文时，确实多以明清章回小说为标本，日后讲授"国语文学"，也都追溯到《水浒传》等；可所有这些"溯源"，都指向"文艺文"（或曰"美文"），而不是同样值得关注的"学术文"。第二，白话文运动成功的标志，不仅仅是"国语的文学，文学的国语"[1]；述学文章之采用白话，尤其是长篇议论文的进步，也是至关重要的一环——白话能写"美文"，白话还能表达深邃的学理，只有到了这一步，白话文的成功方才无懈可击。第三，晚清兴起、"五四"后蔚为大观的演说热潮，以及那些落在纸面上的"声音"，包括演讲的底稿、记录稿、整理稿，以及模拟演讲的文章，其对白话文运动和文章体式改进的积极影响，不容低估。第四，章太炎等人的讲学，与宋明大儒之"坐而论道"不同，基本上是在"哲学""文学"这样的学科意识中展开，每讲包含若干专门知识的传授，而后才是穿插其中的社会批评或思想启蒙。第五，在表情达意方面，文言自有其长处，但绝对不适合于记录现场感很强的"演说"；学者之公开讲演并刊行讲稿，不管是赞成还是反对白话诗文，都是在用自己的学识与智慧，来协助完善白话的表达功能，换句话说，都是在"赞助白

---

[1]　参见胡适《建设的文学革命论（国语的文学——文学的国语）》，《新青年》第4卷第4号，1918年4月。

话文学"。第六，创造"有雅致的俗语文"，固然"以口语为基本，再加上欧化语，古文，方言等分子，杂糅调和"[1]；可这个"口语"，不限于日常生活语言，还应包括近乎"口头文章"的"演说"。

以上简要的叙述，大致涵盖我关于"演说"与近现代中国思想及文章变革所做的探索。区区论说，不如意处仍多多。恰好，我的几位学生对此话题也有浓厚的兴趣，于是组织他们，选择各自熟悉且欣赏的对象，做进一步的深入探索。

之所以选择蔡元培（1868—1940）、章太炎（1869—1936）、梁启超（1873—1929）、鲁迅（1881—1936）、胡适（1891—1962）、陶行知（1891—1946）、朱自清（1898—1948）、闻一多（1899—1946）等八位作为考察对象，首先基于其在现代中国思想文化史上的重要地位。或文化名人，或学界领袖，此八人全都身负重任，一言九鼎。"演说"作为一种社会行为，对演说者的社会地位及学术声誉有很高的要求。同样一句话，不同身份的人说出来，效果就是不一样。听众之所以动不动"大拍掌"，很大程度基于对演说者的崇敬以及"前理解"。除了个人魅力，论题的选择同样十分重要。上述诸君演说的重点，在思想文化，而不是政治动员。如蔡元培之谈论大学意义，章太炎之主张以史救弊，还有陶行知之演讲生活教育之路，以及朱自清的解说诗文意蕴等，时至今日，仍有其独特魅力。

其次，还得考虑演说者的口头表达能力。有经验的读者都明白，"口若悬河"与"梦笔生花"不是一回事，适合于讲演的，不

1　周作人：《〈燕知草〉跋》，《永日集》第179页，上海：北新书局，1929年。

见得适合于阅读。一场主宾皆大欢喜的讲演，抽离特定时空，很可能不知所云。相反，一篇精彩的专业论文或小说散文，即便由高明的演员朗读，也不见得能吸引广大听众。讲演者的姿态以及讲演时的技巧，同样影响到演说的成败。不同于专业著述的条分缕析，讲演必须突出大思路，而且讲求幽默，语出惊人，这样，方才能让现场的听众不断地"拍掌""大拍掌"。而这，并非自然而然达成的，很可能是现代学校训练的结果。闻一多在清华、朱自清在北大、陶行知在金陵大学，都曾受过专门的演说训练。当然，最著名的还属胡适的故事——1912年夏天，胡适在康奈尔大学选修"一门极有趣的课程"，那就是训练演讲，此后，"这一兴趣对我真是历四五十年而不衰"[1]。并非每个人都像胡适那样，对演说保持持之以恒的兴趣。比如，闻一多就曾对清华的演说课程提出过批评，可最后时刻挥洒自如的绝佳表现，其实得益于其早年训练。至于鲁迅称"我曾经能讲书，却不善于讲演"[2]，那是作者过谦之词；据许多听众回忆，鲁迅演说时思路之奇崛、语言之幽默，让人叹为观止。能演说，有深度，论题重要，且讲稿保留下来，这样"四美兼具"的大好事，并非俯拾皆是。

　　再次，"演说"与"文章"之间，有着千丝万缕的关系。学问须冷隽，杂文要激烈，撰史讲体贴，演讲多发挥——所有这些，决定了章太炎、梁启超、鲁迅、胡适等人的撰述，虽有"大体"，却无"定体"，往往随局势、论题、媒介以及读者而略有变迁。但

---

1 《胡适口述自传》第58页，唐德刚译，北京：华文出版社，1992年。

2 鲁迅：《〈集外集〉序言》，《鲁迅全集》第七卷第5页，北京：人民文学出版社，1981年。

另一方面，演说与演说者的人格、趣味以及文章体式，又是密切相关的。闻一多与朱自清性格不同，在演讲中得到充分的体现：一春风化雨，一雷霆万钧；西南联大师生回忆这两人的讲课、演说以及生活逸事时，三者之间往往能够互相印证。至于胡适与鲁迅，演说一如其文章，或文化立场坚定，高等常识丰富，清朗而畅达；或自我质疑，迂回前进，千里走单骑。当然，这两种风格迥异的演说与文章，各有其不可替代的价值。

最后，该说到本丛书的最大愿望，那就是：在某些程度上复原那已经一去不复返的"演说现场"。严格说来，所有的演讲记录稿，都很难准确传达演说者的真实意图。章太炎晚年主编《制言》时，曾"屡戒少登演讲记录"；而弟子沈延国更是将传世的章氏讲演记录分为五类，称只有那些师"自撰讲稿"或弟子记录后"由师审正"者，方能作为研究章太炎思想的可靠资料来引用[1]。至于鲁迅，更是清醒地意识到此中陷阱。查有记载的鲁迅演讲达五十多次，可收入《鲁迅全集》的只有十六篇，不全是遗失，许多是作者自愿放弃——或因记录稿不够真切[2]，或因与相关文章重复[3]。若只

1　参见沈延国《章太炎先生在苏州》，陈平原等编《追忆章太炎》第392—394页，北京：中国广播电视出版社，1997年。

2　在《〈集外集〉序言》中，鲁迅称："只有几篇讲演，是现在故意删去的。我曾经能讲书，却不善于讲演，这已经是大可不必保存的了。而记录的人，或者为了方音的不同，听不很懂，于是漏落，错误；或者为了意见的不同，取舍因而不确，我以为要紧的，他并不记录，遇到空话，却详详细细记了一大通；有些则简直好像是恶意的捏造，意思和我所说的正是相反的。凡这些，我只好当作记录者自己的创作，都将它由我这里删掉。"（《鲁迅全集》第七卷第5页）

3　参见朱金顺《鲁迅演讲资料钩沉》，长沙：湖南人民出版社，1980年；马蹄疾《鲁迅讲演考》，哈尔滨：黑龙江人民出版社，1981年。

是孤零零的文本,那些偶然流传下来的"演说",自然是不尽如人意。因为,专著能够深入,教科书讲究条理,文章可以反复琢磨,演讲则追求现场效果。单纯的演说,确实不及专著或文章精深;但如果添上相关史料的考辨,使"演说现场"在某种程度上得以复原,那意义可就非同一般了。

单是阅读记录稿,你很可能觉得,绝大多数演说都是"卑之无甚高论"。只有在现场,演说才能充分展现其不同于书斋著述的独特魅力。不单论题的提出蕴涵着诡秘莫测的时代风云,现场的氛围以及听众的思绪,同样制约着演说的发展方向。理解"演说"的魅力,必须努力回到"现场"。本丛书的操作,与一般意义上的"考辨"略有不同,我们不仅需要了解某一次演讲的时间、地点、听众、论题,更希望借勾稽前世今生、渲染现场氛围、追踪来龙去脉,还原特定的历史语境。这样,才有可能让那些早已消失在历史深处的"演说",重新焕发生机,甚至介入当代人的精神生活。

当然,这只是我们的一厢情愿;能在多大程度上实现,只能留待读者评判了。

(此文乃为陈平原主编"现代学者演说现场"
丛书[山东文艺出版社,2006年]撰写的"总序",
初刊《现代中国》第七辑[北京大学出版社,2006年])

参考书目*

基本文献

《蔡元培全集》第三卷，北京：中华书局，1984年。

《陈布雷回忆录》，北京：团结出版社，2016年。

冯雪峰：《一九二八年至一九三六年的鲁迅：冯雪峰回忆鲁迅全编》，上海：上海文化出版社，2009年。

冯自由：《革命逸史》初集、第六集，北京：中华书局，1981年。

《胡汉民回忆录》，北京：东方出版社，2013年。

《胡汉民先生演讲集》第一集，上海：民智书局，1927年。

《胡适口述自传》，唐德刚译注，北京：华文出版社，1992年。

《胡适文存》，上海：亚东图书馆，1921年。

黄尊三：《三十年日记》第一册，长沙：湖南印书馆，1933年。

黄遵宪著、钱仲联笺注：《人境庐诗草笺注》，上海：上海古籍出版社，1981年。

《李大钊全集》第二卷，石家庄：河北教育出版社，1999年。

《李大钊文集》第二卷、第四卷，北京：人民出版社，1999年。

梁启超：《饮冰室合集》，上海：中华书局，1936年。

刘成禺：《世载堂杂忆》，沈阳：辽宁教育出版社，1997年。

刘师培：《中国中古文学史·论文杂记》，北京：人民文学出版社，1959年。

刘禺生撰、钱实甫点校：《世载堂杂忆》，北京：中华书局，1960年。

《鲁迅全集》，北京：人民文学出版社，1981年。

罗家伦：《文化教育与青年》，上海：商务印书馆，1945年。

《毛泽东选集》第五卷，北京：人民出版社，1977年。

《秋瑾集》，上海：上海古籍出版社，1979年。

《人民英烈——李公朴闻一多先生遇刺纪实》，李闻二烈士纪念委员会编印，
　　1946年。

《宋教仁集》（陈旭麓主编），北京：中华书局，1981年。

《宋教仁日记》，长沙：湖南人民出版社，1980年。

《宋恕集》，北京：中华书局，1993年。

《孙文选集》，黄彦编，广州：广东人民出版社，2006年。

《孙中山全集》（中国社科院近代史研究所编），北京：中华书局，2011年。

《孙中山先生演讲集》，首都各界总理逝世三周年纪念会印赠，1928年。

《孙中山选集》，北京：人民出版社，1956年；第二版，1981年。

《汪康年师友书札》第二册（上海图书馆编），上海：上海古籍出版社，1986年。

《闻一多全集》第一卷、第三卷、第四卷，北京：生活·读书·新知三联书店，
　　1982年。

《闻一多全集》第十二卷，武汉：湖北人民出版社，1993年。

吴讷、徐师曾：《文章辨体序说·文体明辨序说》，北京：人民文学出版社，
　　1982年。

《吴趼人全集》第六卷、第十卷，哈尔滨：北方文艺出版社，1998年。

《萧三文集》，北京：新华出版社，1983年。

《严复集》第五册，王栻主编，北京：中华书局，1986年。

章炳麟：《太炎先生自定年谱》，香港：龙门书店，1965年。

《章太炎的白话文》，吴齐仁编，上海：泰东图书局，1921年。

《章太炎的白话文》（陈平原导读），贵阳：贵州教育出版社，2001年。

《张溥泉先生全集》，台北：中央文物供应社，1951年。

周作人：《永日集》，上海：北新书局，1929年。

朱有瓛主编：《中国近代学制史料》第一辑、第二辑，上海：华东师范大学出
　　版社，1986、1987年。

《朱自清全集》第三卷、第十卷，朱乔森编，南京：江苏教育出版社，1988

年、1997年。

陈穌焜:《怎样演说》,上海:长城书局,1939年。

程湘帆编:《演讲学》,上海:商务印书馆,1933年。

〔日〕冈野英太郎:《演说学》,钟观诰译,广州:文明书局,1923年;上海:
　　国光书局,1925年第二版,1927年第三版。

顾绮仲:《怎样说话与演讲》,上海:纵横社,1940年。

韩蠡编著:《演讲术》,上海:大公报代办部,1936年。

〔美〕郝理思特(R. D. T. Hollister):《演说学》,刘奇编译,上海:商务印书
　　馆,1930年。

〔英〕荷利阿克:《演说与辩论》,高葆真译,上海:广学会,1914年。

〔美〕何林华(Hollingworth):《听众心理学》,张孟休编述,长沙:商务印书
　　馆,1938年。

黄仲苏:《朗诵法》,上海:开明书店,1936年。

〔日〕加藤咄堂述:《雄辩法》,吕策译,王家襄、张镜寰校,上海:上海集成
　　图书公司,1910年。

Dale Carnegie:《演说术及在事业上影响他人》,李木、宋昆译,北平:文兴书
　　局,1939年初版,1940年三版,1944年四版。

〔美〕代尔·卡耐基:《演讲术》,李木译,上海:正新出版社,1949年。

〔美〕卡尼基:《演讲艺术》,蓬勃译,上海:激流书店,1940年。

〔美〕克契门(Ketcham):《辩论术之实习与学理》,费培杰译,上海:商务印
　　书馆,1921年。

李寓一编:《讲演法的研究》,上海:现代书局,1928年。

刘百川:《小辩论家》,上海:商务印书馆,1947年。

〔美〕刘易斯,A. M.(A. M. Lewis):《演说术》,殷凯编译,上海:太平洋书
　　店,1924年初版,1926年再版,1927年三版。

卢冠六、尹诵吉:《演说指导》,上海:三民图书公司,1947年。

陆翔辑选:《当代名人新演讲集》,上海:广文书局,1921年。

吕海澜编著:《通俗演讲》,上海:商务印书馆,1937年。

孟起:《怎样演讲》,重庆:生活书店,1940年。

任毕明：《演讲术》，桂林：文化供应社，1941年。

任毕明：《演讲术·雄辩术·谈话术》，桂林：自刊本，1941年初版；增订，桂林：实学书局，1942年；1946年沪一版。

孙起孟：《演讲初步》，上海/重庆：生活书店，1945年。

童益临、高师左编：《演说学讲义》，奉天：关东印书馆，光绪三十三年（1907）。

汪励吾：《实验演说学》，上海：人生书局，1928年。

王德崇：《国语演说辩论词作法》，北平：平社出版部，1928年。

〔美〕威克尔：《怎样演讲》，尹德华译，江西赣县：中华正气出版社，1942年初版，1943年三版，1944年四版。

卫南斯：《演讲学》，彭兆良译，上海：中华新教育社，1929年初版，1933年再版。

徐松石：《演讲学大要》，上海：中华书局，1928年。

许啸天辑：《名人演讲集》，上海：时还书局，1924年。

杨炳乾编：《演说学大纲》，上海：商务印书馆，1928年。

尹德华：《演讲术例话》，桂林：文化供应社，1943年。

余楠秋：《演说学ABC》，上海：世界书局，1928年7月初版，1929年7月三版。

余楠秋编：《演说学概要》，"中华百科丛书"，上海：中华书局，1934年。

袁泽民：《演说》，上海：商务印书馆，1917年。

张九如、周鬻青合编：《小演说家》，上海：中华书局，1932年。

张孟休编述：《听众心理学》，长沙：商务印书馆，1938年。

张越瑞选辑：《现代名人演讲集》，上海：商务印书馆，1937年。

研究著作

〔法〕阿兰·科尔班：《大地的钟声——19世纪法国乡村的音响状况和感官文化》，王斌译，桂林：广西师范大学出版社，2003年。

阿英：《小说四谈》，上海：上海古籍出版社，1985年。

〔英〕布莱恩·麦基编：《思想家——当代哲学的创造者们》，周穗明等译，北京：生活·读书·新知三联书店，1987年。

〔日〕仓石武四郎：《仓石武四郎中国留学记》，荣新江等辑注，北京：中华书局，2002年。

陈平原：《触摸历史与进入五四》，北京：北京大学出版社，2005年。

陈平原：《从文人之文到学者之文——明清散文研究》，北京：生活·读书·新
　　知三联书店，2004年。

陈平原：《读书的风景——大学生活之春花秋月》，北京：北京大学出版社，
　　2019年。

陈平原：《图像晚清——〈点石斋画报〉之外》，北京：东方出版社，2014年。

陈平原：《现代中国的述学文体》，北京：北京大学出版社，2020年。

陈平原：《左图右史与西学东渐——晚清画报研究》，北京：生活·读书·新
　　知三联书店，2018年。

陈平原：《作为学科的文学史——文学教育的方法、途径及境界》，北京：北京
　　大学出版社，2016年。

陈平原：《作为一种思想操练的五四》，北京：北京大学出版社，2018年。

陈平原、夏晓虹编：《触摸历史：五四人物与现代中国》，广州：广州出版社，
　　1999年。

陈平原、郑勇编：《追忆章太炎》，北京：生活·读书·新知三联书店，2009年。

陈益民编著：《七七事变真相》，南京：江苏人民出版社，2017年。

程丽红：《清末宣讲与演说研究》，北京：社会科学文献出版社，2021年。

丁文江、赵丰田编：《梁启超年谱长编》，上海：上海人民出版社，1983年。

《费孝通文集》第七卷，北京：群言出版社，1999年。

冯胜利主编：《汉语书面语的历史与现状》，北京：北京大学出版社，2013年。

〔日〕福泽谕吉：《劝学篇》，群力译，北京：商务印书馆，1984年。

郭沫若：《创造十年续编》，上海：北新书局，1946年。

《国立南开大学》，台北：南京出版社有限公司，1981年。

黄福庆：《清末留日学生》，台北："中央研究院"近代史研究所，1975年初版，
　　1983年再版。

《黄炎培教育文集》第一卷，北京：中国文史出版社，1994年。

黄子平、陈平原、钱理群：《二十世纪中国文学三人谈》，北京：人民文学出版
　　社，1988年。

〔日〕吉川幸次郎：《我的留学记》，钱婉约译，北京：光明日报出版社，1999年。

〔日〕吉见俊哉:《声的资本主义》,李尚霖译,新北:群学出版,2013年。

江苏省陶行知教育思想研究会编:《纪念陶行知》,长沙:湖南教育出版社,1984年。

姜纬堂等编:《维新志士爱国报人彭翼仲》,大连:大连出版社,1996年。

蒋保:《古希腊演说研究》,北京:中央编译出版社,2020年。

〔美〕柯恩编:《美国划时代作品评论集》,朱立民等译,北京:生活·读书·新知三联书店,1988年。

〔英〕昆廷·斯金纳编:《人文科学中大理论的复归》,王绍光、张京媛等译,香港:社会理论出版社,1991年。

老舍:《赵子曰》,上海:商务印书馆,1928年。

李劼人:《大波》第三部,北京:人民文学出版社,2005年。

李平书等:《李平书七十自叙·藕初五十自述·王晓籁述录》,上海:上海古籍出版社,1989年。

李孝悌:《清末下层的社会启蒙运动:1901—1911》,石家庄:河北教育出版社,2001年。

李燕博主编:《李大钊北京十年:教学篇》,北京:中央编译出版社,2016年。

梁漱溟:《忆往谈旧录》,北京:中国文史出版社,1987年。

吕章申主编:《复兴之路展品100个故事》,北京:北京时代华文书局,2017年。

马蹄疾:《鲁迅讲演考》,哈尔滨:黑龙江人民出版社,1981年。

〔法〕米歇尔·希翁:《声音》,张艾弓译,北京:北京大学出版社,2013年。

《拍案颂——闻一多纪念图文集》,北京:北京图书馆出版社,2007年。

钱锺书:《七缀集》,上海:上海古籍出版社,1994年。

钱锺书:《围城》,上海:晨光出版公司,1947年。

容世诚:《粤韵留声——唱片工业与广东曲艺(1903—1953)》,香港:天地图书公司,2006年。

尚小明:《宋案重审》,北京:社会科学文献出版社,2018年。

申泮文主编:《黄钰生同志纪念集》,天津:南开大学出版社,1991年。

〔日〕实藤惠秀:《中国人留学日本史》,谭汝谦等译,北京:生活·读书·新知三联书店,1983年。

〔美〕史景迁:《中国纵横——一个汉学家的学术探索之旅》,夏俊霞等译,上海：上海远东出版社，2005年。

舒新城编：《中国近代教育史资料》，北京：人民教育出版社，1961年。

宋嗣廉、黄毓文：《中国古代演说史》，长春：东北师范大学出版社，1991年。

宋应离等编：《20世纪中国著名编辑出版家研究资料汇辑》第1辑，开封：河南
　　大学出版社，2005年。

苏云峰：《从清华学堂到清华大学（1911—1929）》，台北："中央研究院"近代
　　史研究所，1996年。

孙宝瑄：《忘山庐日记》，上海：上海古籍出版社，1983年。

汤志钧：《章太炎年谱长编》，北京：中华书局，1979年。

《陶行知全集》第一卷、第二卷、第七卷，长沙：湖南教育出版社，1984年、
　　1985年、1992年。

田军：《八月的乡村》，上海：奴隶社，1936年。

汪康年（醒醉生）：《庄谐选录》，上海：尚友山房，1915年。

王东杰：《声入心通——国语运动与现代中国》，北京：北京师范大学出版社，
　　2019年。

王学珍、郭建荣主编：《北京大学史料》第二卷，北京：北京大学出版社，
　　2000年。

魏绍昌编：《吴趼人研究资料》，上海：上海古籍出版社，1980年。

闻黎明、侯菊坤编著：《闻一多年谱长编》（增订版），上海：上海交通大学出
　　版社，2014年。

吴相湘：《宋教仁传》，北京：中国大百科全书出版社，2010年。

〔美〕西德尼·D.甘博：《北京的社会调查》，陈愉秉等译，北京：中国书店，
　　2010年。

〔美〕西德尼·戴维·甘博著、浙江人民美术出版社编译：《甘博摄影集》，杭
　　州：浙江人民美术出版社，2018年。

夏晓虹：《晚清女性与近代中国》，北京：北京大学出版社，2004年。

夏晓虹编：《追忆梁启超》，北京：中国广播电视出版社，1997年。

〔日〕小森阳一：《日本近代国语批判》，陈多友译，长春：吉林人民出版社，
　　2003年。

邢文军、陈树君：《风雨如磐：西德尼·D.甘博的中国影像（1917—1932）》，武

汉：长江文艺出版社，2015年。

许毓峰等编：《闻一多研究资料》，太原：北岳文艺出版社，1986年。

杨波主编：《中国广播电视编年史》第一卷，北京：中国广播影视出版社，2019年。

杨者圣：《国民党"军机大臣"陈布雷》，上海：上海人民出版社，1999年。

叶圣陶：《倪焕之》，上海：开明书店，1930年。

《叶圣陶语文教育论集》，北京：教育科学出版社，1980年。

章开沅/唐文权：《平凡的神圣——陶行知》，武汉：湖北教育出版社，1992年。

张静蔚编注：《〈良友〉画报图说乐·人·事》，上海：上海音乐学院出版社，2018年。

张静蔚编注：《〈北洋画报〉图说乐·人·事》，上海：上海音乐学院出版社，2018年。

张伟：《尘封的珍书异刊》，天津：百花文艺出版社，2004年。

张中行：《文言和白话》，哈尔滨：黑龙江人民出版社，1988年。

钟叔河编：《周作人文类编·希腊之馀光》，长沙：湖南文艺出版社，1998年。

周洪宇：《陶行知大传——一位文化巨人的四个世界》，北京：人民教育出版社，2016年。

周振鹤：《圣谕广训：集解与研究》，上海：上海书店出版社，2006年。

周作人：《知堂回想录》，石家庄：河北教育出版社，2002年。

朱金顺：《鲁迅演讲资料钩沉》，长沙：湖南人民出版社，1980年。

朱泽甫编著：《陶行知年谱》，合肥：安徽教育出版社，1985年。

朱志敏：《李大钊传》，济南：山东人民出版社，1998年。

曾景忠编注：《蒋介石家书日记文墨选录》，北京：团结出版社，2010年。

中国艺术研究院曲艺研究所编：《说唱艺术简史》，北京：文化艺术出版社，1988年。

左芙蓉：《社会福音·社会服务与社会改造——北京基督教青年会历史研究1906—1949》，北京：宗教文化出版社，2005年。

〔日〕冈野英太郎：《演说学》，东京：三省堂，明治三十三年（1900）。

〔日〕宫本外骨：《明治演说史》，东京：有限社，大正十五年（1926）。